중간·기말·내신 대비를 위한

평가 문제집

정보

(주) 삼양미디어

| 중간·기말·내신 대비를 위한 |

중학교 정보·평가 문제집

초판발행일	2019년 3월 25일
인 쇄 일	2025년 12월 10일
저 자	고기식 · 임수기 · 정상수 · 정진욱
발 행 인	신재석
발 행 처	(주)삼양미디어
등 록 번 호	제10-2285호
주 소	서울시 마포구 양화로 6길 9-28
전 화	02-335-3030
팩 스	02-335-2070
홈 페 이 지	www.samyangM.com
정 가	9,000원
I S B N	978-89-5897-372-0

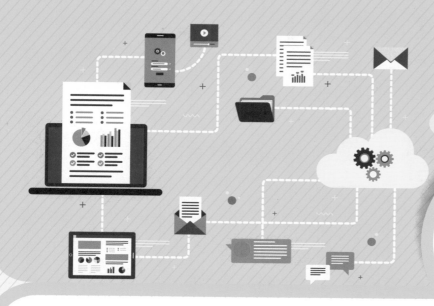

차례
Contents

I 정보 문화

01~02 정보 사회와 소프트웨어
정보 사회와 진로 탐색

① 정보 사회란 무엇일까

1. 정보 기술과 정보 사회

❶ **정보 기술**: 컴퓨터와 통신을 이용하여 정보의 생산과 처리, 전달, 저장, 공유 등을 하는 데 필요한 기술
❷ **정보 사회**: 정보가 중심이 되고, 정보의 생산, 처리, 전달이 중요한 가치로 인식되는 사회
❸ **정보 사회의 모습**

교육 분야

온라인 수업을 통해 학습자 스스로 진도를 관리하고 학습자 수준에 맞는 교육 내용을 제공받음

의료 분야

의사가 첨단 의료 기기를 통해 원격으로 진료하거나 의료용 로봇을 조종하여 환자를 수술함

제조 분야

3D 프린터를 통해 개개인에게 맞는 제품을 생산하는 맞춤형 서비스를 제공하며, 사용자 스스로 제품 디자인부터 제작까지 가능

금융 분야

당장 현금이 없어도 스마트폰을 통해 카드나 인터넷 뱅킹으로 결제하여 물건을 구매할 수 있으며, 은행 방문 없이 계좌 개설 가능

2. 정보 사회에서 지능 정보 사회로의 진화

❶ **지능 정보 사회**

• 사물 인터넷을 통해 사람과 사물, 사물과 사물이 서로 연결되어 수많은 자료를 수집
• 수집된 자료는 인터넷을 통해 클라우드와 같은 저장 장치에 저장
• 빅데이터 기술을 통해 자료를 다양하게 분석
• 인공 지능의 도움으로 새로운 가치 창출

Tip 지능 정보 사회
첨단 정보 기술과 소프트웨어를 활용하여 사회 전반이 지능화된 사회

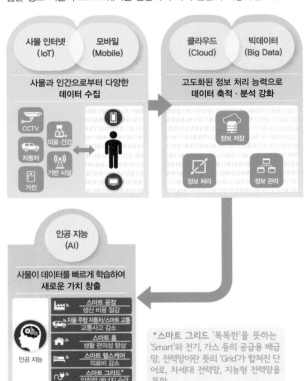

하나 더 알기 | 지능 정보 사회를 위한 핵심 기술, ICBM(Iot, Cloud, Big Data, Mobile)과 AI

• **사물 인터넷(IoT)**: 각종 사물에 센서와 통신 기능을 장착하여 인터넷을 통해 상호 작용
• **클라우드(Cloud)**: 인터넷과 연결된 서버에 각종 자료와 소프트웨어를 저장해 놓고 인터넷을 통해 언제 어디서든지 필요한 자료나 소프트웨어를 사용 가능
• **빅데이터(Big Data)**: 다양하고 방대한 자료로부터 가치를 추출하고 결과를 분석
• **모바일(Mobile)**: 정보 통신에서 이동성을 가진 것을 의미
• **인공 지능(AI)**: 컴퓨터가 인간처럼 학습하고 추론하여 스스로 행동할 수 있도록 만드는 기술

② 소프트웨어는 우리의 생활을 어떻게 바꾸어 놓았을까

1. 소프트웨어로 인한 생활의 변화

❶ **소프트웨어:** 하드웨어, 즉 다양한 정보 기기를 작동시키고 원하는 일을 수행하게 하는 다양한 프로그램
❷ 컴퓨터, TV, 냉장고, 전기밥솥 등에도 소프트웨어 탑재
❸ 모바일 기기에서 사용하는 다양한 앱들도 소프트웨어
❹ 소프트웨어는 사회의 여러 분야에서 새로운 가치를 창출

2. 생활 속 소프트웨어 활용 예

❶ **가정:** 각종 가전 기기는 소프트웨어를 통해 전자 기기를 제어하여 집안일을 도와줌 **예** 스마트 홈 자동차

❷ **교통:** 교통 상황을 분석하여 목적지까지 도착하는 최적의 길을 안내 **예** 내비게이션

❸ **의료:** 의학 영상, 혈액 검사 결과, 임상 시험, 연구 자료 등의 데이터를 바탕으로 소프트웨어로 분석하여 인간의 질병을 판단하고 치료할 수 있도록 도움을 줌

❹ **경제:** 상품을 구매한 사람들의 다양한 의견을 언제든지 확인하고 취합하여, 유사한 물건과 비교 후 구매

❺ **정부:** 개개인이 필요한 각종 민원 서류를 인터넷으로 열람 및 발급, 안전신문고를 통해 불편사항 접수

❻ **교육:** 디지털 교과서나 사이버 학습을 통해 자기 주도적 학습 가능

③ 정보 사회에서 직업은 어떻게 변화할까

1. 정보 사회의 직업 변화

❶ 빅데이터, 인공 지능, 사물 인터넷 기술이 발달함에 따라 직업의 변화가 가속화되고 있음
❷ **단순 반복적인 일:** 로봇 또는 기기에 장착된 소프트웨어가 대체
❸ **창조적인 일:** 인간이 담당

2. 미래의 직업

▲ 컴퓨터 시스템 엔지니어

▲ 로봇 공학자

▲ 무인 자동차 엔지니어

▲ 사물 인터넷 개발자

▲ 드론 개발자

▲ 의료 정보 시스템 개발자

▲ 증강 현실 전문가

▲ 디지털 포렌식 전문가

▲ 정보 보호 전문가

▲ 빅데이터 전문가

4. 정보 사회에서 적성에 맞는 진로를 탐색해 볼까

❶ 정보 사회는 컴퓨터 및 각종 정보 기기를 통해 대부분의 정보를 처리함
❷ 정보 사회의 구성원은 컴퓨터를 정보 처리의 도구로 올바르게 활용할 수 있어야 함
❸ 자신에게 필요한 자료를 수집하고 그 정보를 분석하여 가치를 판단할 줄 아는 능력이 중요
❹ 자신의 진로 분야에서 정보 기술의 발달에 어떤 관련이 있는지 확인 필요
❺ 미래의 직업 현장이 소프트웨어로 인해 어떻게 변화될지 예측해 보는 것도 필요

하나 더 알기 | 정보 사회의 직업 특성

• 공유와 협업 능력이 요구됨
• 창의성이 요구됨
• 시간과 공간의 제약이 사라짐

✅ 점검하기

❶ □□ □□은 컴퓨터와 통신을 이용하여 정보의 생산과 처리, 전달, 저장, 공유 등을 하는 데 필요한 기술을 뜻한다.
❷ 정보가 중심이 되고, 정보의 생산, 처리, 전달이 중요한 가치로 인식되는 사회를 □□ □□라 한다.
❸ □□□□□는 하드웨어, 즉 다양한 정보 기기를 동작시키고 원하는 일을 수행하게 하는 다양한 프로그램이다.
❹ 소프트웨어는 □□, □□, □□, □□, □□, □□ 등 다양한 분야에서 활용되고 있다.
❺ □□ □□ □□는 사람과 사물, 사물과 사물이 서로 연결되는 □□ □□□을 통해 수많은 자료를 수집하여 □□□□와 같은 저장 장치에 저장하고, □□□□□ 기술을 통해 다양하게 분석하여 □□ □□의 도움으로 새로운 가치를 창출하는 사회이다.
❻ 정보 사회에서는 단순 반복적인 일은 □□ 또는 □□ □□□가 처리하게 되며, □□은 창조적인 일을 처리하게 될 것이다.
❼ 정보 사회에서 정보 처리 과정의 대부분을 □□□를 통해 처리하게 될 것이며, □□에 대한 분석 및 가치 판단 능력이 중요해질 것이다.

| 정답 | ❶ 정보 기술 ❷ 정보 사회 ❸ 소프트웨어 ❹ 가정, 교통, 의료, 경제, 정보, 교육 ❺ 지능 정보 사회, 사물 인터넷, 클라우드, 빅데이터, 인공 지능 ❻ 로봇, 소프트웨어, 인간 ❼ 컴퓨터, 정보

중단원 핵심 문제

01 정보 사회의 개념을 설명한 것으로 가장 적절한 것은?

① 공장이 많아지고 물건을 대량 생산한다.
② 다양한 분야에서 사람이 직접 정보를 처리한다.
③ 정보를 통제하고, 독점하는 것을 중요한 가치로 여긴다.
④ 정보가 중심이 되고 정보를 처리하여 새로운 가치를 창출한다.
⑤ 단순한 업무를 반복하는 일을 잘하는 사람이 높이 평가받는다.

02 개개인에 맞춰진 제품을 소량 생산하기 위해 제조 분야에서 많이 사용하는 정보 기술은?

① VR
② IoT
③ 클라우드
④ 인공 지능
⑤ 3D 프린팅

03 지능 정보 사회에서 사용되는 핵심 정보 기술로 온라인 상에 데이터를 저장하고 언제 어디서든지 자료를 사용할 수 있도록 하는 정보 기술은?

① VR
② IoT
③ 클라우드
④ 인공 지능
⑤ 3D 프린팅

04 보기 의 ㉠~㉣에 들어갈 용어를 순서대로 바르게 나열한 것은?

> **보기**
>
> 지능 정보 사회는 각종 사물에 센서와 통신 기능을 장착하여 인터넷을 통해 상호작용하는 (㉠)으로부터 수집한 정보를 (㉡)에 저장하고 (㉢)의 분석과 (㉣)의 도움으로 새로운 가치를 창출한다.

① 모바일, 하드디스크, 빅데이터, 사람
② 모바일, 클라우드, 스몰데이터, 인공 지능
③ 사물 인터넷, 하드디스크, 빅데이터, 사람
④ 사물 인터넷, 클라우드, 빅데이터, 인공 지능
⑤ 사물 인터넷, 하드디스크, 스몰데이터, 사람

05 보기 의 내용 중, 정보 사회에서 교육 분야를 변화시킨 소프트웨어를 있는 대로 고른 것은?

> **보기**
>
> ㉠ 사이버 학습   ㉡ 내비게이션
> ㉢ 디지털 교과서   ㉣ 냉장고
> ㉤ 암 진단 소프트웨어   ㉥ 안전신문고

① ㉠, ㉡
② ㉠, ㉢
③ ㉡, ㉣
④ ㉡, ㉤
⑤ ㉤, ㉥

06 정보 사회에서 직업의 변화 양상을 예측한 것으로 가장 적절한 것은?

① 모든 영역에서 사람의 확인이 필요할 것이다.
② 물건을 대량 생산하는 생산직이 많아질 것이다.
③ 단순 반복적인 일을 하는 직업이 증가할 것이다.
④ 대체로 창조적인 일을 하는 직업들이 살아남을 것이다.
⑤ 정보 기술들을 사용하는 직업들은 점차 축소될 것이다.

07 보기 에 제시된 직업 중, 정보 사회에서 유망한 직업을 있는 대로 고른 것은?

> 보기
> ㉠ 검침원
> ㉡ 운전기사
> ㉢ 로봇 공학자
> ㉣ 빅데이터 전문가
> ㉤ 정보 보호 전문가
> ㉥ 마트 계산원

① ㉠, ㉡, ㉢
② ㉡, ㉢, ㉤
③ ㉢, ㉣, ㉤
④ ㉡, ㉢, ㉣, ㉤
⑤ ㉢, ㉣, ㉤, ㉥

08 보기 의 밑줄 친 부분에서 설명하고 있는, 정보 사회에서 나타나는 직업의 특성은 무엇인가?

> 보기
> 정보 사회에서 단순 반복적인 작업은 인공 지능 및 로봇들로 대체될 것이며, 다른 사람들과 구별되는 새롭고, 독창적이고, 유용한 것을 만들어 내는 능력이 필요하게 될 것이다.

① 공유
② 소통
③ 창의력
④ 지능
⑤ 지구력

09 정보 사회에서 진로 탐색 시 고려해야 할 사항을 있는 대로 고른 것은?

> 보기
> ㉠ 정보 기술의 발달과 관련이 있는 직업인지 살펴본다.
> ㉡ 소프트웨어가 직업 현장을 어떻게 변화시킬지 예측해 본다.
> ㉢ 현재 직업에 필요한 역량을 알아보고 그 역량만 기른다.

① ㉠
② ㉡
③ ㉢
④ ㉠, ㉡
⑤ ㉠, ㉡, ㉢

10 정보 사회에서 지능 정보 사회로 진화하는 데 필요한 핵심 기술을 있는 대로 고른 것은?

> 보기
> ㉠ 3D 프린터
> ㉡ 드론
> ㉢ 인공 지능
> ㉣ ICBM

① ㉠, ㉢
② ㉢, ㉣
③ ㉠, ㉡, ㉢
④ ㉠, ㉢, ㉣
⑤ ㉡, ㉢, ㉣

11 다음은 아마존 물류 창고에서 선반을 움직이는 로봇 키바에 대한 설명이다. 이와 가장 관련 있는 정보 사회의 특징은 무엇인가?

아마존에서는 근로자들이 직접 물건을 찾으러 돌아다니는 대신 로봇 키바가 창고를 돌아다니면서 필요한 물건이 있는 선반을 찾아 해당 물건을 근로자에게 배달해 준다. 또한 창고에 보관되는 물건의 재고를 관리하여, 재고 관리 업무가 정확하게 이루어지도록 한다.

① 개개인에게 맞춤형 서비스를 제공할 수 있다.
② 스마트 기기의 발달로 언제 어디서나 쇼핑이 가능하다.
③ 정보에 대한 분석 및 가치 판단 능력이 중요해지고 있다.
④ 정보 유출로 인해 정보 보안에 대한 경각심을 가져야 한다.
⑤ 단순 반복적인 일은 로봇 또는 소프트웨어가 대체하게 될 것이다.

12 정보 사회의 대표적인 직업 중, 다음에서 설명하는 직업은 무엇인가?

> 대량의 데이터를 관리 · 분석하여 이 결과를 바탕으로 통계 모델을 만들어 사람들의 행동 패턴이나 시장 경제 등에 대해 예측할 만한 정보를 제공한다.

① 드론 개발자
② 빅데이터 전문가
③ 정보 보호 전문가
④ 사물 인터넷 개발자
⑤ 컴퓨팅 시스템 엔지니어

03 개인 정보 보호 실천

① 개인 정보란 무엇이고, 왜 중요할까

1. 개인 정보의 개념과 유형

❶ 개인 정보의 개념
- 살아 있는 개인을 식별할 수 있는 정보
- 이름, 전화번호, 주민 등록 번호, 아이디 등이 개인 정보에 속함
- 다른 정보와 결합하여 개인을 알아볼 수 있다면 개인 정보에 해당됨

Tip 개인 정보 해당 기준
살아있는 개인에 관한 정보이므로 사망한 자, 자연인이 아닌 법인, 단체 또는 사물 등에 관한 정보는 개인 정보에 해당하지 않음

❷ 개인 정보의 유형

인적 정보

이름, 주민 등록 번호, 아이디, 주소, 전화번호, 생년월일, 출생지, 가족 관계, 전자 우편 주소 등

신체적 정보

얼굴, 지문, 홍채, 음성, 몸무게, 키 등의 신체 정보, 건강 상태, 병원 진료 기록 등의 의료·건강 정보

정신적 정보

도서 대여 기록, 웹 사이트 검색 내역 등의 기호·성향 정보, 사상, 종교, 가치관 등

사회적 정보

학력, 성적 등의 교육 정보, 근무처, 근로 경력 등의 근로 정보, 병역 여부, 군번 등의 병역 정보, 범죄·재판 기록 등의 법적 정보

재산 정보

소득, 신용 카드 번호, 통장 계좌 번호, 저축 내역 등

기타 정보

전화 통화 내역, 전자 우편 또는 전화 메시지, GPS 등에 의한 위치 정보 등

2. 정보 사회에서 개인 정보의 중요성

❶ 정보 사회에서 개인 정보
- 정보 사회에서 개인을 식별하는 주요한 수단
- 개인 정보를 활용하여 기업에서는 맞춤형 광고를 하거

나 소비 성향 분석을 통해 신제품을 개발함

❷ 개인 정보 침해
- 자신도 모르게 개인 정보가 오남용되거나 악의적 목적으로 사용되어 피해를 입음
- 개인 정보가 유출되면 사생활 침해를 당하고 정신적·금전적 피해를 입음

Tip 개인 정보 사기 수법
- 피싱(phishing): '개인 정보(private data)'와 '낚시(fishing)'의 합성어로, 개인 금융 정보나 비밀번호 등을 빼내 가는 사기 수법
예 금융 기관을 가장한 전자 우편 발송 → 전자 우편에서 안내하는 인터넷 주소 클릭 → 가짜 은행 사이트로 접속 유도 → 보안 카드 번호 전부 입력 요구 → 금융 정보 탈취 → 범행 계좌로 이체

- 스미싱(smishing): '문자 메시지(SMS)'와 '피싱(phishing)'의 합성어로, 문자 메시지를 통해 소액 결제를 유도하거나 개인 정보를 빼내 가는 피싱 사기 수법 중 하나
예 '무료 쿠폰 제공', '돌잔치 초대장', '모바일 청첩장' 등을 내용으로 하는 문자 메시지 발송 → 문자 메시지에서 안내하는 인터넷 주소 클릭 → 악성코드가 스마트폰에 설치됨 → 피해자도 모르는 사이에 소액 결제 피해 발생 또는 개인·금융 정보 탈취

Tip 랜섬웨어(ransomware)
시스템을 잠그거나 파일을 암호화하여 사용할 수 없도록 하고, 이를 담보로 돈을 요구하는 악성 프로그램

❸ 개인 정보의 중요성
- 타인이 개인 정보 유출 시, 사회의 안전과 재산에 막대한 피해를 주는 사기나 심각한 범죄 발생
- 개인 정보는 소중하고 안전하게 다루어야 하고, 다른 사람에게 함부로 제공해서는 안 됨

② 개인 정보는 어떻게 보호해야 할까

1. 개인 정보 보호

❶ 개인 정보를 본인의 동의 없이 수집하여 이용하거나 제3자에게 제공하는 등의 피해 사례가 발생하고 있음

❷ 개인 정보가 유출되지 않도록 사전에 예방할 것

2. 개인 정보 유출 발생 시 대처법

❶ 개인정보분쟁조정위원회를 통해 당사자 간의 분쟁을 합리적이고 원만하게 해결

❷ 전문 기관에 해당 피해 내용을 신고할 것

Tip e프라이버시 클린서비스

각종 인터넷 사이트에 회원가입 여부 등의 본인 확인 내역을 조회 가능

https://www. eprivacy. go. kr

Tip 개인정보침해신고센터

전화 번호: 118

전자 우편: privacyclean@kisa.or.kr

3. 개인 정보 오남용 피해 예방 및 대처 10계명

① 회원 가입 시, 개인 정보 처리 방침 및 이용 약관 꼼꼼히 살피기

② 비밀번호는 문자, 숫자, 특수 문자를 조합하여 8자리 이상으로 만들기

③ 비밀번호는 주기적으로 변경하기

④ 회원 가입은 주민 등록 번호 대신 아이핀(I-PIN) 사용하기

⑤ 명의 도용 확인 서비스를 이용하여 불법 가입 정보 확인하기

⑥ 개인 정보는 가까운 사람에게도 알려 주지 않기

⑦ P2P 공유 폴더에 개인 정보 저장하지 않기

⑧ 금융 거래는 PC방에서 이용하지 않기

⑨ 출처가 불명확한 자료는 다운로드하지 않기

⑩ 개인 정보 침해 신고 적극 활용하기

〈출처〉 행정자치부 개인정보보호 종합포털(https://www.privacy.go.kr)

☑ 점검하기

① ☐☐ ☐☐는 개인을 식별할 수 있는 정보이다.

② 한 가지 정보만으로 특정 개인을 알아볼 수 없더라도 다른 정보와 ☐☐하여 개인을 알아볼 수 있다면 ☐☐ ☐☐ 이다.

③ 개인 정보는 정보 사회에서 개인을 ☐☐하는 중요한 수단이다.

④ 자신도 모르게 개인 정보가 오·남용되거나 악의적 목적으로 사용되어 피해를 입게 되는 것을 ☐☐ ☐☐ ☐☐라고 한다.

⑤ 개인 정보가 유출되어 피해가 발생하였을 때는 ☐☐☐ ☐☐☐☐☐☐를 통해 당사자 간의 분쟁을 합리적이고 원만하게 해결한다.

| 정답 | **①** 개인 정보 **②** 결합, 개인 정보 **③** 식별 **④** 개인 정보 침해 **⑤** 개인정보분쟁조정위원회

MEMO

중단원 핵심 문제

01 다음 중 개인 정보에 대한 설명으로 올바르지 <u>않은</u> 것은?

① 죽은 사람의 정보도 개인 정보이다.
② 개인을 식별할 수 있는 정보를 말한다.
③ 이름, 전화번호, 아이디 등이 개인 정보에 해당한다.
④ 다른 정보와 결합하여 개인을 알아볼 수 있다면 개인 정보이다.
⑤ 개인을 확인하기 위한 수단으로 다양한 분야에서 사용되고 있다.

02 다음 개인 정보 중, 신체적 정보에 해당하는 것은?

① 이름
② 학력
③ 홍채
④ 소득
⑤ 주민 등록 번호

03 보기 에서 설명하는 것은 무엇인가?

보기
자신도 모르게 개인 정보가 오 · 남용되거나 악의적 목적으로 사용되어 피해를 입게 되는 것을 말한다.

① 개인 정보
② 사이버 폭력
③ 사생활 침해
④ 저작권 침해
⑤ 개인 정보 침해

04 정보 사회에서 개인 정보에 대한 설명으로 적절하지 <u>않은</u> 것은?

① 개인 정보는 개인을 식별하는 중요한 수단이다.
② 정보 사회에서 개인 정보는 점차 축소되고 있다.
③ 개인 정보가 유출되어 사생활 침해를 당하는 사례가 늘고 있다.
④ 개인 정보가 유출되면 사기나 심각한 범죄로까지 이어질 수 있다.
⑤ 기업에서는 고객들에게 맞춤형 광고를 제공하기 위해 활용하기도 한다.

05 보기 의 ㉠에 들어갈 알맞은 단어는?

보기
스미싱(smishing)은 (㉠)을/를 통해 소액 결제를 유도하거나 개인 정보를 빼내 가는 피싱 사기 수법 중 하나이다.

( )

06 다음 중 개인 정보 유출을 방지하기 위한 행동으로 볼 수 있는 것은?

① SNS에 실시간으로 나의 위치를 표시하였다.
② 택배 안에 있는 무료 쿠폰을 사용하기 위해 내 연락처를 남겼다.
③ 사이트 가입 시, 이용 약관을 꼼꼼히 읽고 필수 항목에만 체크하고 가입하였다.
④ 내 게임의 캐릭터 레벨을 올려준다고 하여 아이디와 비밀번호를 입력하였다.
⑤ 인터넷 쇼핑몰에서 할인 쿠폰을 받기 위해 이름, 생년월일, 연락처를 입력하였다.

07 개인 정보 유출을 예방하기 위한 방법으로 가장 적절하지 **않은** 것은?

① 비밀번호는 주기적으로 변경한다.
② 금융 거래는 PC방에서 이용하지 않는다.
③ 출처가 불명확한 자료는 다운로드하지 않는다.
④ 가까운 사람들에게는 개인 정보를 알려 줘도 된다.
⑤ 명의 도용 확인 서비스를 이용하여 불법 가입 정보를 확인한다.

08 보기 에서 설명하는 것은 무엇인가?

> 보기
>
> 인터넷상에서 주민 등록 번호 대신 개인 신분을 확인하는 개인 식별 번호를 말한다.

(   )

09 내 컴퓨터에서 개인 정보 유출을 막기 위한 방법으로 가장 적절하지 **않은** 것은?

① 운영 체제에 방화벽을 설정한다.
② 운영 체제에 보안 업데이트를 실시한다.
③ 공식 사이트에서 소프트웨어를 다운로드한다.
④ 백신 소프트웨어를 설치하면 컴퓨터가 느려지므로 설치하지 않는다.
⑤ 컴퓨터 내에 설치되어 있는 소프트웨어를 항상 최신 버전으로 업데이트한다.

10 보기 의 ㉠에 들어갈 알맞은 기관은?

> 보기
>
> 개인 정보가 유출되어 피해가 발생하였을 때는 (㉠)을/를 통해 당사자 간의 분쟁을 합리적이고 원만하게 해결하거나 전문 기관에 해당 피해 내용을 신고할 수도 있다.

(   )

11 다음 중 개인 정보를 침해당한 사례로 보기 **어려운** 것은?

① 누군가가 인터넷 게시판에 나에 대한 부정적인 유언비어를 작성하여 퍼뜨렸다.
② 공공장소에서 PC를 이용한 후 나의 인터넷 접속 아이디와 비밀 번호가 유출되었다.
③ P2P 파일 공유 사이트에서 파일을 공유한 후 나의 사진과 연락처 파일이 유출되었다.
④ 모르는 사람이 나의 블로그와 SNS에 접속하여 나의 개인 정보를 허락 없이 수집하였다.
⑤ 문자 메시지로 무료 쿠폰이 와서 인터넷 주소를 클릭했더니 악성 코드가 설치되어 소액 결제 피해가 발생하였다.

12 다음 중 개인 정보를 침해당했을 때, 신고해야 하는 기관은?

① 사이버 경찰청
② 개인정보침해신고센터
③ 개인정보보호종합포털
④ e프라이버시 클린서비스
⑤ 개인정보분쟁조정위원회

04 저작물의 올바른 이용

① 저작권, 어떻게 보호해야 할까

1. 저작권의 개념
❶ 인간의 생각이나 감정을 독창적으로 표현하여 창작한 저작물에 대하여 그것을 표현한 사람에게 주는 권리
❷ 저작권은 저작물을 만든 순간부터 저작자에게 권리가 주어짐

Tip 저작권자
저작권법에 의해 저작권을 인정받아 그 권리를 행사할 수 있는 사람 또는 단체(법인, 기관 등)

2. 저작물의 요건
❶ 인간의 사상이나 감정을 표현해야 함
❷ 창작성이 있어야 함
❸ 외부에 공표되어야 함

3. 저작권을 보호해야 할 저작물

어문 저작물
(시, 소설, 논문 등)

음악 저작물
(멜로디, 리듬 등)

미술 저작물
(회화, 서예, 조각 등)

건축 저작물
(건축물, 설계도 등)

영상 저작물

도형 저작물
(지도, 도표 등)

연극 저작물
(연극, 무용 등)

컴퓨터 프로그램 저작물

사진 저작물

▲ 저작물의 종류

Tip 저작물의 보호 기간
저작물을 창작한 시점부터 저작권자가 살아있는 동안과 저작권자가 죽은 다음해부터 70년까지 보호받는다. 단체인 경우 공표한 다음해부터 70년까지 보호받음

4. 저작권을 보호받지 못하는 저작물
창작적인 표현이라고 보기 어려운 것들은 저작물로 보호되지 않음
❶ 헌법 · 법률 · 조약 · 명령 · 조례와 규칙
❷ 국가 또는 지방자치단체의 고시 · 훈령 · 그 밖에 이와 유사한 것
❸ 법원의 판결 · 결정 · 명령 및 심판이나 행정 절차 등
❹ 사실의 전달에 불과한 시사 보도
❺ 자주 쓰이는 간단한 문장들
❻ 단순히 이름순으로 정리한 전화번호부 등

Tip 저작권 보호의 필요성
창작자 개인에게 이익이 될 뿐만 아니라 우리 문화를 발전시키고 더 나아가 문화 상품의 수출을 통해 국가 경제 이익에도 큰 도움을 줌

5. 저작권의 분류
❶ **저작인격권**
• 정신적인 노력의 산물로 만들어 낸 저작물에 대해 저작자가 인격적으로 갖는 권리
• 다른 사람에게 양도되거나 상속되지 않고 저작자에만 인정되는 권리
• 종류: 공표권, 성명표시권, 동일성유지권 등
❷ **저작재산권**
• 저작물을 일정한 방식으로 이용하는 것으로부터 발생하는 경제적인 이익을 보호하기 위한 권리
• 권리들을 나누어서 개별적으로 행사하거나 양도 또는 상속하는 등 처분할 수 있음
• 종류: 복제권, 공연권, 공중송신권, 전시권, 배포권, 대여권, 2차적저작물작성권 등

```
                    저작권
         ┌────────────┴────────────────┐
     저작인격권                      저작재산권
   ┌───┬───┬───┐      ┌───┬───┬───┬───┬───┬───┬───┐
   공  성  동      복  공  공  전  배  대  2
   표  명  일      제  연  중  시  포  여  차
   권  표  성      권  권  송  권  권  권  적
       시  유          신          저
       권  지          권          작
           권                      물
                                   작
                                   성
                                   권
```

▲ 저작권의 분류

6. 저작물을 올바르게 이용하는 방법

하나의 저작물을 만들기 위해 저작자가 들인 시간과 노력, 비용을 생각한다면 저작자의 권리는 소중히 보호되어야 함

❶ **정품 구입하기:** 음악, 영화, 컴퓨터 게임 등은 정품으로 구입하여 정당한 대가를 치르고 이용해야 함

❷ **저작권자로부터 이용 허락받기:** 책, 그림, 음악 등을 정당한 대가를 주고 구입을 했다 하더라도 이것을 공개된 장소나 인터넷에 게시할 경우에는 반드시 저작권자로부터 허락을 받아야 함

❸ **저작물의 이용 단계**

1단계	2단계	3단계
어떤 저작물을 이용할 것인지 결정한다. 어떤 저작물을 어떤 방법으로 이용할 것인지 결정	그 저작물이 보호받는 것인지 확인한다. • 보호 기간이 지났는지 확인 • 저작권법에서 정하고 있는 보호받지 못하는 저작물인지 확인 보호받지 못하는 경우: 이용	저작물 이용 방식이 저작권법상 허용되는 방식인지 확인한다. 저작권법에서 정하고 있는 저작권자의 허락이 없어도 이용할 수 있는 경우의 조건에 맞는지 확인 허용되는 방식: 이용

4단계	5단계
저작권자에게 저작물 제목과 이용하려는 방법 등을 자세히 알리고 허락을 받는다. 허락을 도와주는 단체 • 저작권신탁관리단체 • 저작권대리중개업체 허락을 받고 다음 단계로	허락을 받은 범위 내에서만 이용한다. 저작자 표시, 출처 표시를 명확히 하고 사용

〈출처〉 저작권 위원회

Tip 디지털 저작물
정보 사회에서 컴퓨터나 스마트폰 등의 디지털 기기를 사용하여 만든 저작물로, 이러한 디지털 저작물은 복사와 공유가 더욱 쉬워 저작권이 침해당하기 쉬움

② 저작물 이용 허락 표시를 알아볼까

1. 저작물 이용 허락 표시
(CCL: Creative Common License)

❶ 저작자가 일정한 조건 안에서 자신의 저작물을 다른 사람들에게 자유롭게 이용할 수 있도록 허락하는 표시

❷ 4가지 이용 허락 조건으로 구성되어 있으며, 이것들을 조합하여 6종류의 CCL 표시를 사용

Tip DRM(Digital Rights Management)
디지털 콘텐츠의 무단 사용을 막아 제공자의 권리와 이익을 보호해 주는 기술과 서비스를 통틀어 일컫는 말

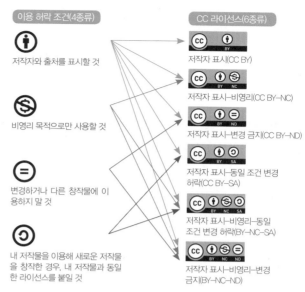

이용 허락 조건(4종류)

ℹ️ 저작자와 출처를 표시할 것

🅢 비영리 목적으로만 사용할 것

🟰 변경하거나 다른 창작물에 이용하지 말 것

↻ 내 저작물을 이용해 새로운 저작물을 창작한 경우, 내 저작물과 동일한 라이선스를 붙일 것

CC 라이선스(6종류)

저작자 표시(CC BY)
저작자 표시-비영리(CC BY-NC)
저작자 표시-변경 금지(CC BY-ND)
저작자 표시-동일 조건 변경 허락(CC BY-SA)
저작자 표시-비영리-동일 조건 변경 허락(BY-NC-SA)
저작자 표시-비영리-변경 금지(BY-NC-ND)

▲ 저작자의 이용 허락 표시의 종류와 의미

2. 카피라이트와 카피레프트

구분	카피라이트(copyright)	카피레프트(copyleft)
개념	문학, 학술, 예술의 범위에 속하는 창작물인 저작물에 대한 권리	지적재산권에 반대하며, 지적 창작물에 대한 권리를 모든 사람이 공유할 수 있도록 하는 것
의미	저작권은 음악, 소설, 소프트웨어 등 저작물을 개발하는 사람들이 갖는 권리이며, 저작물에 대한 대가를 지불하여 저작자에 대한 권리를 찾아주는 것을 말함	지적 창작물을 개발자가 독점적으로 소유하는 것은 잘못이며, 지식과 정보를 자유롭게 공유하면서 이익도 공유하자는 것을 말함
사례	빌 게이츠는 마이크로소프트 회사를 통해 소프트웨어 개발비로 경제적 대가를 정당하게 받고 성공한 후 어려운 이웃에 대한 기부를 통해 사회적으로 공헌하고 있음	리처드 스톨만은 '자유 소프트웨어 재단'을 설립하여 좋은 소프트웨어를 무료로 사용할 수 있도록 공유하여 많은 사람이 참여하여 더 좋은 소프트웨어를 개발하고 부담 없이 사용할 수 있도록 함

▲ 카피라이트와 카피레프트의 비교

Tip 워터마크(watermarks)
저작물의 불법 복제를 방지하기 위해 디지털 문서, 음원, 이미지, 영상, 프로그램 등에 타인이 쉽게 인식할 수 없도록 해당 저작권 정보를 변환하여 삽입해 저작권을 보호하는 기술

③ 소프트웨어 사용권이란 무엇일까

1. 소프트웨어 사용권(software license)

❶ 저작권자가 사용자들이 소프트웨어를 사용할 수 있는 범위와 방법을 지정해 놓은 것

❷ 소프트웨어 사용권의 사용 범위와 방법은 저작권자가 결정

❸ 소프트웨어를 사용할 때에는 무료로 사용할 수 있는 소프트웨어인지 확인하고 유료인 경우에는 정품 소프트웨어를 구입하여 사용할 것

2. 소프트웨어 사용권의 종류

상용 소프트웨어	셰어웨어	공개 소프트웨어	프리웨어
저작권자가 소프트웨어 사용 비용을 받고 상용으로 제공하는 소프트웨어	사용 기간이나 조건이 제한된 범위 내에서 무료 사용 가능하며, 제한 없이 사용하려면 비용을 지불해야 하는 소프트웨어	개발한 소프트웨어의 소스 코드를 공개한 소프트웨어로, 소프트웨어 사용권 범위 내에서 누구나 자유롭게 사용하고 수정하거나 재배포할 수 있는 소프트웨어	프로그램을 무상으로 자유롭게 사용할 수 있는 소프트웨어

3. 소프트웨어 사용권자의 범위

❶ 소프트웨어 사용권은 최종 사용자를 기준으로 분류함
❷ 보통 교육 기관, 공공 기관, 회사 및 개인으로 구분하여 범위와 가격을 책정함
　예 개인 사용자에게 무료인 소프트웨어가 학교나 기업에서는 유료인 경우가 있음

✅ 점검하기

❶ 인간의 사상 또는 감정을 독창적으로 표현한 창작물을 □□□이라고 하며 이러한 창작물에 대한 배타적·독점적 권리를 □□□이라고 한다.
❷ 저작권은 저작□□□과 저작□□□으로 구성된다.
❸ 저작물의 보호 기간은 창작한 시점부터 저작자가 살아 있는 동안과 저작권자가 죽은 다음부터 □□년까지이다.
❹ 저작물에 표시된 일정한 조건 안에서 누구나 자유롭게 저작물을 이용할 수 있도록 허락한다는 표시를 □□□이라고 한다.
❺ □□□□□는 저작자에게 부여하는 권리로서, 저작자가 창작한 저작물을 통제하고 이익을 얻을 수 있는 권리를 말한다. □□□□□는 지적재산권에 반대해 지적 창작물에 대한 권리를 모든 사람이 공유할 수 있는 것을 말한다.
❻ 소프트웨어를 사용할 때는 무료로 사용할 수 있는 프리웨어인지 확인하고, 유료인 경우에는 □□ 소프트웨어를 구입하여 사용한다.

| 정답 | ❶ 저작물, 저작권　❷ 격권, 재산권　❸ 70　❹ CCL
❺ 카피라이트, 카피레프트　❻ 정품

MEMO

중단원 핵심 문제

04 저작물의 올바른 이용

정답 및 해설 | 135쪽

01 다음 설명에 해당하는 권리로 옳은 것은?

> 인간의 생각이나 감정을 독창적으로 표현하여 창작한 저작물에 대하여 그것을 표현한 사람에게 주는 권리이다.

① 소유권　　　　　② 재산권
③ 저작권　　　　　④ 전송권
⑤ 청구권

02 저작권에 대한 설명으로 옳은 것을 보기 에서 있는 대로 고른 것은?

보기
> ㉠ 저작권은 저작물을 만든 순간부터 발생한다.
> ㉡ 저작권자는 자신이 만든 저작물의 이용을 제한할 수 있다.
> ㉢ 다른 사람의 저작물은 사적인 목적으로 이용할 때만 저작권자의 동의를 구해야 한다.

① ㉠　　　　　　② ㉢
③ ㉠, ㉡　　　　④ ㉡, ㉢
⑤ ㉠, ㉡, ㉢

03 다음은 저작권에 대한 설명이다. ㉠에 들어갈 기간으로 옳은 것은?

개인의 저작물은 창작한 시점부터 저작권자가 살아 있는 동안과 저작권자가 죽은 다음해부터 (㉠) 까지 보호받는다.

① 30년　　　　　　② 40년
③ 50년　　　　　　④ 60년
⑤ 70년

04 저작권을 보호받는 저작물을 보기 에서 있는 대로 고른 것은?

보기
> ㉠ 조선시대 유물인 청화백자
> ㉡ A가수의 자작곡
> ㉢ 뮤지컬 명성황후
> ㉣ 2018. 00. 00. 남북 정상 회담 뉴스

① ㉠, ㉡　　　　　② ㉠, ㉣
③ ㉡, ㉢　　　　　④ ㉡, ㉣
⑤ ㉢, ㉣

05 저작물에는 다양한 종류가 있다. 다음 사례에서 A씨가 만든 저작물을 가리키는 용어로 가장 적절한 것은?

> 유튜브 크리에이터인 A씨는 스마트폰을 활용하여 콘텐츠를 제작하였다.

① 미술 저작물　　　　② 어문 저작물
③ 음악 저작물　　　　④ 디지털 저작물
⑤ 컴퓨터 프로그램 저작물

06 다음 내용은 저작권과 관련된 주장이다. 이와 관련된 운동으로 적절한 것은?

> 소프트웨어 저작권을 허용하면 독점화가 진행될 수밖에 없고, 그렇게 되면 정보 격차가 커져 빈부 격차가 더욱 심각해질 것이다. 그러므로 지식과 정보를 자유롭게 공유해야 한다.

▲ 리처드 스톨만

① 정보 공유　　　　　② 디지털 공유
③ 카피라이트(copyright)　④ 카피레프트(copyleft)
⑤ 카피소프트(copysoft)

07 다음은 ○○블로그의 CCL 설정 메뉴이다. 실행 결과 표시되는 CCL로 옳은 것은? (단, 저작자 표시는 기본 설정이다.)

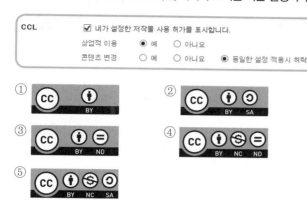

08 다음은 저작권의 종류에 관한 수업 장면이다. ㉠에 해당하는 저작권은?

① 공연권
② 복제권
③ 전시권
④ 공중송신권
⑤ 성명표시권

09 소프트웨어를 사용권에 따라 구분할 때, '공개 소프트웨어'가 무엇인지 그 개념을 설명하고, 2가지 이상 예를 드시오.

(   )

10 다음 중 저작재산권에 대한 설명으로 옳지 <u>않은</u> 것은?

① 저작권을 기증할 수 있다.
② 저작권의 권리들을 나누어서 행사할 수 있다.
③ 저작재산권에는 전시권, 배포권, 대여권 등이 있다.
④ 다른 사람에게 상속되지 않고 저작자에게만 인정되는 권리이다.
⑤ 저작물에서 발생하는 경제적인 이익을 보호하기 위한 권리이다.

11 다음 설명에 해당하는 디지털 저작물의 보호 기술은?

> 저작물의 불법 복제를 방지하기 위해 디지털 문서, 음원, 이미지, 영상, 프로그램 등에 타인이 쉽게 인식할 수 없도록 해당 저작권 정보를 변환하여 삽입하여 저작권을 보호하는 기술이다.

① DRM
② 마스킹
③ 랜더링
④ 필터링
⑤ 워터마크

12 다음 설명에 해당하는 저작권 관련 용어를 쓰시오.

> 저작물에 표시된 일정한 조건 안에서 누구나 자유롭게 저작물을 이용할 수 있도록 허락한다는 표시이다.

(   )

사이버 폭력 예방과 사이버 윤리 실천

05

① 사이버 폭력, 어떻게 예방할까

1. 사이버 윤리

정보 사회의 구성원이 지켜야 하는 올바른 가치관과 행동 양식을 정보 윤리라고 하는데, 사이버 윤리는 사이버 공간에서 지켜야 할 정보 윤리를 의미함

2. 사이버 공간의 특성

어떤 행위를 한 사람이 드러나지 않는 특성

어떤 주제에 대해 서로의 의견을 주고받을 수 있는 의사소통 방식

3. 사이버 폭력

사이버 공간에서 발생하는 폭력으로, 폭력적인 언어를 사용하거나 제3자에게 모욕적인 내용을 유포하는 등의 행위를 하여 상대방에게 폭력을 행사하는 것을 의미함

❶ 특성
• 피해가 급격히 늘어남
• 집단적인 공격 양상을 보임
• 기록이 남아서 원상 복구가 어려움
• 익명성으로 인해 가해자를 찾기 어려움
• 경계 구분 없이 발생하며 일일이 처벌하기 어려움

② 사이버 폭력의 유형

유형	내용
사이버 언어폭력	게시판이나 대화방, SNS를 통해 욕설, 인격 모독 등의 글을 올리는 행위
사이버 명예 훼손	사실 여부와 관계없이 상대를 비방할 목적으로 사진이나 글을 게시하여 인격을 침해하는 행위
사이버 따돌림	인터넷 대화방에서 같은 무리에 들지 못하도록 상대방을 퇴장하지 못하게 막기, 놀리기, 욕하기, 대화에 참여하지 못하게 하기 등과 같은 행위를 하는 것
사이버 성폭력	성적인 묘사, 성적 비하, 성차별적인 발언 등을 포함한 글, 사진, 동영상 등을 인터넷에 배포하는 행위
사이버 스토킹	원하지 않는 문자, 사진, 동영상 등을 지속적으로 보내어 상대방에게 불안감과 공포감을 주는 일체의 행위

③ 사이버 폭력 예방 및 대처를 위한 10대 원칙

1. 서로 존중하고 배려해요.
타인도 자신과 같이 감정과 생각을 가진 사람임을 잊지 않는다.

2. 개인 정보는 스스로 지켜요.
개인 정보를 소중히 생각하고 보호한다.

3. 올바르게 이야기해요.
고운 말을 사용하고, 거짓된 내용이나 개인의 사생활에 대한 내용은 올리지 않으며, 작성한 글은 여러 번 읽어 보고 올린다.

4. 오해받을 수 있는 행동은 하지 않아요.
타인으로부터 오해나 불신을 살 만한 행동은 하지 않는다.

5. 사이버 폭력에 대해 정확히 이해해요.
사이버 폭력이 무엇인지 정확하게 이해해야 예방하고 대처할 수 있다.

6. 자주 이야기해요.
평소 사이버 공간에서의 활동과 관련하여 부모님 또는 선생님과 대화의 시간을 자주 갖는다.

7. 정확히 도움을 요청해요.
사이버 폭력을 당할 경우 학교와 선생님, 부모님이 든든한 지원자가 되어 준다.

8. 처음부터 정확히 대처해요.
분명한 거부 의사를 표현하고 보복하지 않으며, 무시하거나 차단한다.

9. 사이버 폭력의 증거, 지우지 않아요.
자신을 비난하거나 욕설 등의 메시지를 받은 경우 삭제하지 말고 증거를 확보해야 한다. 이때 자신이 분명한 거부 의사를 표시한 내용을 함께 확보하는 것이 좋다.

10. 적극적으로 대응해요.
사이버 폭력을 당했을 때 관련 기관을 찾아 상담과 도움을 받거나, 사이트 관리자에게 사이버 폭력 피해 사실을 신고하고 삭제를 요청한다.

〈출처〉교육부, 한국교육학술정보원, 사이버폭력 제대로 이해하기, 2016.

Tip 사이버 폭력 상담 및 신고
• 경찰서: 112 • 청소년사이버상담센터: 1388
• 안전Dream경찰지원센터: 117

② 사이버 중독, 어떻게 예방할까

1. 사이버 중독

컴퓨터나 스마트폰을 이용한 사이버 공간에서 각종 게임이나 SNS 활동 등에 지나치게 의존하는 상태

❶ 사이버 중독의 증상

의존성

사이버 세상에서 마음의 위안을 얻는 증상으로, 하루 일과 중 대부분의 시간을 사이버 세상에서 보내는 것

내성

중독에서 이전과 같은 만족을 경험하려면 더 강한 강도나 지속 기간의 자극을 필요로 하는 것

금단 증상

물질 중독이나 행동 중독에서 그것의 강박적 행동을 중단했을 때 나타나는 견디기 어려운 고통스러운 증상

❷ 사이버 중독의 종류

인터넷 중독

인터넷에 대한 과도한 집착으로 인터넷을 사용하지 못하면 일상생활에 장애가 발생하는 것을 말한다. 사이버 공간에서의 인간관계를 더 중요시하기 때문에 가족이나 친구들과 직접 어울리거나 사회생활을 하는 데 어려움을 겪는다.

스마트폰 중독

인터넷 중독과 유사하지만 스마트폰은 언제 어디서나 사용 가능하다는 특성 때문에 최근에는 인터넷 중독보다 그 폐해가 더 심각하다. 스마트폰을 보며 횡단보도를 건너거나 운전을 하는 경우도 있으며, 나쁜 자세로 인해 거북목, 손가락 통증 등 신체적 문제가 생기거나 잠자리에서도 스마트폰을 놓지 못해 수면 장애를 유발하기도 한다.

게임 중독

일상생활을 할 수 없을 정도로 게임을 많이 하는 것을 말한다. 생활 패턴이 변화하여 수면 부족, 식욕 저하 등이 나타나기도 하며, 현실 세계에서 게임 속 캐릭터처럼 행동하기도 한다.

2. 사이버 중독 예방하기

사이버 중독을 예방하기 위해 컴퓨터, 스마트폰, 인터넷 이용 습관 등을 점검하고 예방법을 만들어 실천할 것

사이버 중독 예방 수칙

❶ 특별한 목적 없이 컴퓨터나 스마트폰을 사용하지 않는다.

❷ 컴퓨터나 스마트폰 사용 시간을 가족들과 협의하여 결정한다.

❸ 컴퓨터나 스마트폰 사용 시간과 내용을 사용 일지에 기록하는 습관을 들인다.

❹ 컴퓨터나 스마트폰 사용 시간을 수시로 확인한다.

❺ 인터넷이나 게임 사용 이외에 운동이나 취미 활동 시간을 늘린다.

❻ 인터넷이나 게임 때문에 식사나 취침 시간을 어기지 않는다.

❼ 스스로 사용 조절이 어려울 경우 시간 관리 소프트웨어를 설치한다.

〈출처〉 스마트쉼센터(https://www.iapc.or.kr)

Tip 사이버 중독 상담 전문 기관
• 스마트쉼센터: 1599-0075
• 청소년사이버상담센터: 1388

Tip 그린i-Net(http://www.greeninet.or.kr)
컴퓨터 사용 관리 및 유해 정보 차단 소프트웨어를 무료로 다운받아 설치

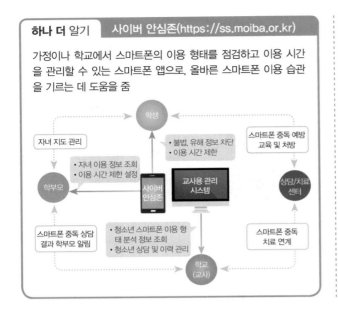

하나 더 알기 — 사이버 안심존(https://ss.moiba.or.kr)

가정이나 학교에서 스마트폰의 이용 형태를 점검하고 이용 시간을 관리할 수 있는 스마트폰 앱으로, 올바른 스마트폰 이용 습관을 기르는 데 도움을 줌

학생

- 자녀 지도 관리
- 불법, 유해 정보 차단
- 이용 시간 제한
- 스마트폰 중독 예방 교육 및 처방

학부모
- 자녀 이용 정보 조회
- 이용 시간 제한 설정
사이버 안심존
교사용 관리 시스템
상담/치료 센터

- 스마트폰 중독 상담 결과 학부모 알림
- 청소년 스마트폰 이용 형태 분석 정보 조회
- 청소년 상담 및 이력 관리
- 스마트폰 중독 치료 연계

학교 (교사)

✓ 점검하기

❶ 정보 사회에서 구성원이 지켜야 하는 올바른 가치관과 행동 양식을 ☐☐ ☐☐라고 한다.

❷ 사이버 공간의 특성 중 어떤 행위를 한 사람이 누구인지 드러나지 않는 특성을 ☐☐☐이라고 한다.

❸ 사이버 공간에서 폭력적인 언어를 사용하거나 제3자에게 모욕적인 내용을 유포하는 등의 행위를 하여 상대방에게 폭력을 행사하는 것을 ☐☐☐ ☐☐이라고 한다.

❹ 사이버 중독의 종류로는 ☐☐☐ 중독, ☐☐☐☐ 중독, ☐☐ 중독 등이 있다.

| 정답 | ❶ 정보 윤리 ❷ 익명성 ❸ 사이버 폭력 ❹ 인터넷, 스마트폰, 게임

MEMO

01 다음 그림은 사이버 공간의 특성을 나타낸 것이다. ㉠, ㉡에 해당하는 특성을 바르게 짝지은 것은?

	㉠	㉡		㉠	㉡
①	공공성	익명성	②	익명성	공공성
③	익명성	쌍방향성	④	쌍방향성	공공성
⑤	쌍방향성	익명성			

02 다음 그림은 사이버 폭력에 관한 온라인 수업 대화 장면이다. 교사의 질문에 옳게 답한 학생을 있는 대로 고른 것은?

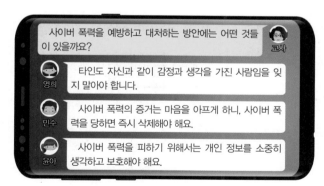

① 영희
② 민수
③ 영희, 윤아
④ 민수, 윤아
⑤ 영희, 민수, 윤아

03 다음에서 설명하고 있는 사이버 중독의 종류는?

> 스마트폰을 보며 횡단보도를 건너거나 운전을 하는 경우도 있으며, 나쁜 자세로 인해 거북목, 손가락 통증 등 신체적 문제가 생기거나 잠자리에서도 스마트폰을 놓지 못해 수면 장애를 유발하기도 한다.

① 게임 중독
② 도박 중독
③ 스포츠 중독
④ 인터넷 중독
⑤ 스마트폰 중독

04 다음 그림은 사이버 중독자에게 나타나는 대표적인 증상을 표현한 것이다. 어떤 증상을 표현한 것인가?

① 내성
② 의존성
③ 폐쇄성
④ 폭력성
⑤ 금단 증상

05 다음 사례와 가장 관련이 있는 사이버 폭력의 유형은?

> 정치 평론가인 A씨가 영화배우이자 정치인인 피해자에 대해, 피해자가 ○○사건의 주동자가 아님에도 불구하고 주동자이며 수사가 필요하다는 등의 글을 자신의 트위터에 게시하였다.

① 사이버 따돌림
② 사이버 스토킹
③ 사이버 성폭력
④ 사이버 언어폭력
⑤ 사이버 명예 훼손

06 다음 사례에서 다솜이가 도움을 요청할 수 있는 전화번호를 보기에서 있는 대로 고른 것은?

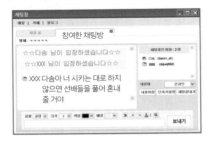

> 다솜이는 온라인 채팅방을 통해 우연히 알게 된 사람으로부터 부모님과 자신의 신변을 위협하는 폭력을 당해 이를 해결하기 위한 상담 및 신고를 하고자 한다.

보기

| ㉠ 112 | ㉡ 132 | ㉢ 117 | ㉣ 1388 |

① ㉠, ㉡　　　　② ㉠, ㉢　　　　③ ㉡, ㉣
④ ㉠, ㉢, ㉣　　　⑤ ㉡, ㉢, ㉣

07 다음 그림은 사이버 폭력의 특성에 관한 대화 창이다. 옳게 이야기한 학생을 있는 대로 고른 것은?

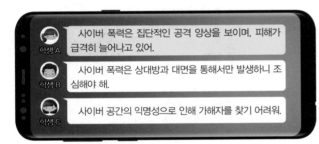

학생 A: 사이버 폭력은 집단적인 공격 양상을 보이며, 피해가 급격히 늘어나고 있어.
학생 B: 사이버 폭력은 상대방과 대면을 통해서만 발생하니 조심해야 해.
학생 C: 사이버 공간의 익명성으로 인해 가해자를 찾기 어려워.

① A　　　　② B　　　　③ A, C
④ B, C　　　⑤ A, B, C

08 다음은 스마트폰 과의존에 대한 조사 보고서이다. ㉠, ㉡에 들어갈 증세로 적절한 것은?

스마트폰 과의존

1. **정의**: 과도한 스마트폰 이용으로 스마트폰에 대한 현저성이 증가하고, 이용 조절력이 감소하여 문제적 결과를 경험하는 상태를 말한다.

2. **증세**

㉠	개인의 삶에서 스마트폰을 이용하는 생활 패턴이 다른 형태보다 두드러지고 가장 중요한 활동이 되는 것
㉡	이용자의 주관적 목표 대비 스마트폰 이용에 대한 자율적 조절 능력이 떨어지는 것

	㉠	㉡
①	현저성	조절 실패
②	현저성	문제적 결과
③	조절 실패	현저성
④	조절 실패	문제적 결과
⑤	문제적 결과	현저성

09 사이버 중독을 예방하기 위한 방법으로 옳은 의견을 제시한 학생을 있는 대로 고른 것은?

소연: 특별한 목적 없이 스마트폰을 사용하지 말아야 해.
민수: 스마트폰 사용 시간을 수시로 확인해.
영희: 컴퓨터 사용 시간은 가족과 협의하기보다는 스스로 결정해.

① 소연　　　　　② 영희
③ 소연, 민수　　④ 민수, 영희
⑤ 소연, 민수, 영희

10 ㉠에 들어갈 사이버 중독 예방 프로그램은?

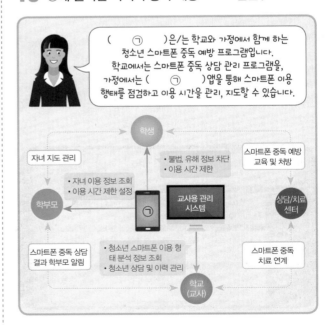

(㉠)은/는 학교와 가정에서 함께 하는 청소년 스마트폰 중독 예방 프로그램입니다. 학교에서는 스마트폰 중독 상담 관리 프로그램을, 가정에서는 (㉠) 앱을 통해 스마트폰 이용 행태를 점검하고 이용 시간을 관리, 지도할 수 있습니다.

① 친구사랑　　　　　② 그린i-Net
③ 스마트쉼센터　　　④ 사이버 안심존
⑤ 청소년사이버상담센터

대단원 종합 문제

01 정보 사회에서 소프트웨어가 변화시킨 우리의 생활 모습을 있는 대로 고른 것은?

> **보기**
> ㉠ 첨단 운전자 보조 시스템의 등장으로 운전자 편의성 증가
> ㉡ 온라인 수업을 통해 학습자의 진도에 맞춘 자기 주도 학습
> ㉢ 현금 없이도 스마트폰 등을 통한 결제 진행
> ㉣ 오프라인 워크숍을 통한 진료 사례 공유

① ㉠, ㉡
② ㉠, ㉢
③ ㉠, ㉡, ㉢
④ ㉠, ㉢, ㉣
⑤ ㉠, ㉡, ㉢, ㉣

02 다음은 지능 정보 사회를 구현하는 지능 정보 기술에 대한 설명이다. ㉠~㉢에 들어갈 기술이 바르게 짝지어진 것은?

> **보기**
> (㉠): 모든 사물과 인간으로부터 자료를 수집
> (㉡): 정보 처리 능력 고도화로 자료 축적 및 분석 강화
> (㉢): 자료를 빠르게 학습하여 새로운 가치 창출

	㉠	㉡	㉢
①	사물 인터넷	빅데이터	인공 지능
②	빅데이터	인공 지능	사물 인터넷
③	모바일	클라우드	빅데이터
④	인공 지능	클라우드	빅데이터
⑤	인공 지능	모바일	클라우드

03 보기 에서 설명하는 직업 변화에 가장 큰 영향을 준 정보 기술은 무엇인가?

> **보기**
> 의사는 그동안 진료한 환자들의 대규모 데이터를 분석한 자료를 토대로 현재의 환자를 진단하며, 이를 통해 보다 객관적이고 정확한 진단이 이루어지고 있다.

① VR
② 모바일
③ 클라우드
④ 인공 지능
⑤ 사물 인터넷

04 다음 중 개인 정보의 유형과 그 예시가 <u>잘못</u> 짝지어진 것은?

① 정신적 정보: 사상, 종교, 가치관
② 재산 정보: 전자 우편, 위치 정보
③ 사회적 정보: 학력, 성적, 병역 정보
④ 신체적 정보: 얼굴, 지문, 음성, 몸무게
⑤ 인적 정보: 이름, 주민 등록 번호, 아이디

05 보기 에서 설명하는 것이 무엇인지 쓰시오.

> **보기**
> 컴퓨터의 시스템을 잠그거나 파일을 암호화하여 사용할 수 없도록 하고, 이를 담보로 돈을 요구하는 악성 프로그램을 말한다.

(   )

06 다음 중 SNS 사용 시, 개인 정보 보호 방법으로 적절하지 <u>않은</u> 것은?

① SNS에 올린 개인 정보, 사진, 영상 등의 정보는 누구나 볼 수 있고 악용될 수 있으니 신중히 선택하여 공개한다.
② SNS 이용 시, 나의 행동 정보가 맞춤형 광고나 마케팅에 이용될 수 있도록 개인 정보 활용에 적극적으로 동의한다.
③ 가족, 친구 등 타인의 개인 정보도 나의 개인 정보 못지않게 중요하므로 함부로 게시·공개하거나 확산시키지 않는다.
④ SNS는 기본적으로 많은 개인 정보를 공개하도록 요구하는 경향이 있으므로 반드시 공개 설정 범위를 직접 확인하고 재설정한다.
⑤ SNS에서 타인과의 네트워킹은 자신의 정보를 광범위하게 공개하는 것이므로 주의해야 하며, 신뢰할 수 있는 사람만 친구로 추가한다.

07 최근 스마트폰이나 PC의 메신저를 활용한 개인 정보 침해 사례 범죄가 늘어나고 있다. 이를 예방하기 위한 방법으로 적절하지 않은 것은?

① 메신저를 통해 개인 정보를 알려 주지 않는다.
② 정기적으로 메신저 비밀번호를 변경하고 관리한다.
③ PC방 등 공공장소에서 메신저를 적극적으로 사용한다.
④ 메신저 자체 보안 설정 및 보안 프로그램을 최신 버전으로 업데이트한다.
⑤ 메신저로 금전을 요구하는 경우 반드시 전화를 걸어 당사자에게 확인한다.

08 다음 그림은 저작권과 관련된 대화 장면이다. 학생의 활동으로 저작권이 발생된 경우를 있는 대로 고른 것은?

소연: 좋아하는 가수의 춤을 내가 그대로 재연해서 촬영했어.
민수: ○○산에 올라 멋진 풍경 사진을 찍었어.
영희: 난 항상 나만의 세계 일주 여행 코스를 상상하곤 해.

① 소연
② 민수
③ 소연, 영희
④ 민수, 영희
⑤ 소연, 민수, 영희

09 다음 사례에서 영철이의 체험 사진에 대한 저작권을 주장할 수 있는 사람은?

영철이와 함께 체험 학습을 간 영철의 아버지는 사진 기사가 찍은 영철이의 체험 사진을 비용을 지불하고 구매하여 학교에 제출하였다.

① 영철
② 학교
③ 사진 기사
④ 영철의 아버지
⑤ 체험 장소 관리자

10 생활 속 저작권 침해 사례에 해당하는 것을 보기에서 있는 대로 고른 것은?

보기
㉠ 내가 그린 그림을 SNS에 올리기
㉡ 문제집을 스캔해서 블로그에 올리기
㉢ 디지털 음원 파일을 다운로드해 듣기
㉣ 공유 사이트에서 최신 영화 주고받기

① ㉠, ㉡
② ㉠, ㉣
③ ㉡, ㉢
④ ㉡, ㉣
⑤ ㉢, ㉣

11 타인의 저작물을 올바르게 이용하는 방법을 보기에서 골라 순서대로 바르게 나열한 것은?

보기
㉠ 이용할 저작물을 결정한다.
㉡ 허락받은 범위 내에서 저작물을 사용한다.
㉢ 저작권자에게 저작물 이용에 대해 허락을 받는다.
㉣ 해당 저작물이 보호해야 할 저작물인지 확인한다.
㉤ 저작권법상 저작물 이용 방식의 허용 여부를 확인한다.

① ㉠ → ㉡ → ㉢ → ㉣ → ㉤
② ㉠ → ㉣ → ㉢ → ㉤ → ㉡
③ ㉠ → ㉣ → ㉤ → ㉢ → ㉡
④ ㉢ → ㉠ → ㉣ → ㉤ → ㉤
⑤ ㉢ → ㉣ → ㉤ → ㉠ → ㉡

12 다음 그림은 '공공누리' 출처 표시 조건이다. ㉠ '변경금지'와 유사한 CCL 표시로 옳은 것은?

OPEN 공공누리 / 공공저작물 자유이용허락 [출처표시] [상업용금지] [변경금지] → ㉠

① (i)
② (S)
③ (=)
④ (↻)
⑤ (cc)

13 다음은 어느 게임 회사의 구인 공고이다. ㉮, ㉯에 대한 설명으로 옳은 것을 [보기] 에서 있는 대로 고른 것은?

○○ 전략 게임 베타 테스터 모집

본 회사는 ○○ 전략 게임의 신규 출시를 앞두고 있습니다. ○○ 전략 게임의 ㉮ 정식 유료 버전 출시에 앞서 안정된 서비스 및 최적의 게임 환경 구축을 위해 ㉯ ○○ 전략 게임의 베타 버전을 점검할 베타 테스터를 모집합니다.

가. 모집 기한: 2019. 00. 00. 까지
…(하략)

[보기]

㉠ ㉮는 상용 소프트웨어이다.
㉡ ㉮는 사용 기간이나 기능이 제한되어 있다.
㉢ ㉯는 소프트웨어 개발 코드를 공개한 프로그램이다.
㉣ ㉯는 일반인의 테스트를 위해 공개하는 프로그램이다.

① ㉠, ㉡　　　　　　　② ㉠, ㉣
③ ㉡, ㉢　　　　　　　④ ㉡, ㉣
⑤ ㉢, ㉣

14 프리웨어(freeware)'에 대한 설명으로 옳은 것은?

① 2차적 저작물 작성도 허용된다.
② 프로그램의 소스까지 공개된다.
③ 구체적인 이용 허락 범위는 라이선스를 확인해야 한다.
④ 일종의 체험판 형식으로 기간이나 기능 등에 제한을 둔다.
⑤ 사용에 특별한 제한을 두지 않으나, 제3자에게 양도하는 것은 허용되지 않는다.

15 다음 사례에서 유출된 개인 정보의 유형은 무엇인가?

○○식당에서 직장인을 위한 이벤트를 위해 손님들에게 직장명과 직장 전화번호가 있는 명함을 받고, 월말에 추첨을 통해 선물을 제공하였다. 식당에서는 이벤트가 끝나고 명함을 쓰레기통에 버렸다.
한편 △△광고대행업체에서는 버려진 명함으로부터 알아낸 정보를 이용하여 광고 전화를 했다.

① 의료 정보　　② 재산 정보　　③ 신체적 정보
④ 정신적 정보　　⑤ 사회적 정보

16 다음은 [조건]에 따라 동작하는 LED 숫자 표시 장치이다. [명제]를 있는 대로 판단하여 표시되는 결과로 옳은 것은?

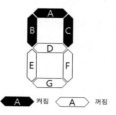

[조건]
• LED 표시 장치는 7개로 구성되어 있다.
• A, B, C는 항상 켜져 있다.
• D, E, F, G는 각각 해당 [명제]를 판단하여 참이면 켜지고, 거짓이면 켜지지 않는다.

LED	[명제]
D	폰트는 저작권을 보호받지 못한다.
E	카피라이트는 지식재산의 공유를 중시한다.
F	2차적 저작물의 대표적인 예로 패러디를 꼽을 수 있다.
G	저작권은 인간의 창작물에 대한 권리를 인정하는 제도이다.

17 다음 [조건]에 따라 [명제]를 풀었을 때 철수가 도착할 최종 위치로 옳은 것은?

[조건]
• 모든 명제에 대해 참, 거짓을 판별한다.
• 명제가 참이면 진행 방향으로 [이동 칸 수]만큼 이동하고, 거짓이면 이동하지 않는다.

[명제]	[이동 칸 수]
정보 윤리란 정보 사회의 구성원이 지켜야 하는 올바른 가치관과 윤리를 말한다.	3
사이버 중독의 증상에는 의존성, 내성, 금단 현상 등이 있다.	4
사이버 공간에서 각종 게임이나 SNS 활동 등에 지나치게 의존하는 상태를 사이버 폭력이라고 한다.	2

① B　　② C　　③ E　　④ G　　⑤ I

수행평가 활동

정답 & 예시답 | 154쪽

수행 활동지 ❶	정보 사회에서 자신의 진로 탐색하기
단원	**Ⅰ. 정보 문화** 02. 정보 사회와 진로 탐색
활동 목표	자신의 진로를 탐색하고 정보 기술로 인한 직업의 발전 방향을 예측할 수 있다.

1. 다음 사이트를 활용하여 자신의 적성에 맞는 진로를 탐색해 보자.

참고 사이트			
커리어넷	http://www.career.go.kr	워크넷	http://www.work.go.kr

진로 심리 검사명	결과 요약
자신의 진로 탐색	

2. 정보 사회에서 정보 기술이 직업을 어떻게 변화시키는지 자신의 진로와 연관지어 시각적으로 표현해 보자.

Tip 비주얼 싱킹(visual thinking)
• 자신의 생각을 글과 이미지 등을 통해 체계화하고 기억력과 이해력을 키우는 시각적 사고 방법을 말한다.
• 학습 내용을 그림으로 표현하기 위해 생각하는 과정에서 기억력과 이해력을 기를 수 있도록 도와준다.

수행평가 활동

수행 활동지 ❷	저작물 이용 허락 표시 이해하기
단원	Ⅰ. 정보 문화 04. 저작물의 올바른 이용
활동 목표	CCL(Creative Commons License)을 다양한 이용 조건과 상황에 맞게 활용할 수 있는 능력을 기른다.

1. CCL에 대해 간략히 설명하시오(사이트 참고: www.cckorea.org/xe/ccl).

CCL(Creative Commons License)은

2. 각각의 이용 허락 조건이 무엇을 뜻하는지 쓰시오(교과서 또는 사이트 참고: www.cckorea.org/xe/ccl).

3. 제시된 라이선스를 보고, 이용 조건을 쓰시오(사이트 참고: www.cckorea.org/xe/ccl).

라이선스	이용 조건	문자 표기
CC BY		CC BY
CC BY NC		CC BY−NC
CC BY ND		CC BY−ND
CC BY SA		CC BY−SA
CC BY NC SA		CC BY−NC−SA
CC BY NC ND		CC BY−NC−ND

MEMO

II

자료와 정보

01 자료와 정보의 표현

① 디지털 정보는 어떤 속성과 특징을 갖고 있을까

1. 자료와 정보

❶ **자료:** 단순히 관찰하거나 측정해서 얻은 사실이나 값
❷ **정보:** 자료를 사용자의 목적과 의도에 맞게 선별·가공하여 유용한 형태로 만든 것

▲ 자료와 정보

Tip 정보 처리 과정

자료 수집 ➡ 자료 처리 ➡ 정보 생성 ➡ 정보 활용
정보의 재사용

❸ **자료의 종류**
 • 수치: 일상생활에서 사용하는 수로 이루어진 자료
 • 문자: 의사소통을 하기 위해 사용하는 영문자, 한글, 특수 문자 등의 기호
 • 소리: 청각 기관을 통해 들을 수 있는 자료
 • 그림: 점, 선, 면, 색채를 이용하여 표현된 사진, 그래프 등으로 표현된 자료
 • 동영상: 움직이는 영상에 소리를 결합하여 표현한 자료

2. 아날로그 정보와 디지털 정보

❶ **아날로그 정보:** 길이, 밝기, 크기, 세기 등과 같이 시간의 흐름에 따라 연속적으로 변화하는 값을 그대로 표현한 것
❷ **디지털 정보:** 연속적인 값을 일정한 간격으로 끊어서 명확한 수치의 형태로 표현한 것

읽는 사람에 따라
10시 10분 또는
10시 11분으로 읽을 수 있음

◀ 아날로그 정보

◀ 디지털 정보

❸ **아날로그 정보와 디지털 정보의 특징**

아날로그 정보	디지털 정보
• 읽는 사람에 따라 값이 다르게 표현될 수 있음 • 좀 더 세밀한 정보 표현 가능 • 정보의 편집, 복제, 배포가 어려움 • 정보가 변형될 우려가 있음	• 항상 일정한 값을 표현 가능 • 간결하게 표시되어 자료를 빨리 읽을 수 있음 • 정보의 저장, 수정, 편집, 복사, 압축, 공유가 쉬움 • 복사물과 원본의 차이가 없음

② 정보의 디지털 표현은 어떻게 할까?

1. 정보의 디지털화

우리 주변에 존재하는 숫자, 문자, 그림, 소리, 동영상 같은 다양한 정보를 컴퓨터가 이해할 수 있는 0과 1의 형태로 변환하는 것

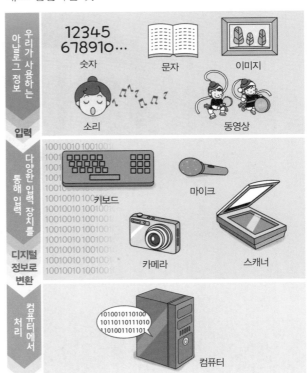

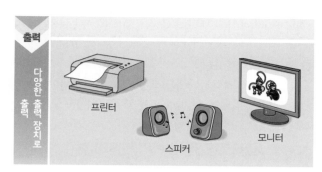

프린터

스피커

모니터

▲ 아날로그 정보가 디지털 정보로 변환되는 과정

2. 수치 정보의 디지털 표현

❶ 수치 정보

일상생활에서 사용하는 수로 이루어진 정보이자, 가장 간단한 형태의 정보, 컴퓨터에서는 우리가 주로 사용하는 0~9 사이의 수로 구성된 10진 코드를 0과 1로 표현된 2진 코드로 디지털화하여 처리

❷ 정보 표현의 단위

- 비트(bit): 정보 표현의 최소 단위, 0과 1로 구성된 2진수 한 자리
- 바이트(byte): 비트가 8개 모이면 하나의 숫자나 문자 표현이 가능한데 이것을 1바이트라고 하며 1바이트는 256개의 정보 표현이 가능

Tip▶ 2진 코드

컴퓨터가 정보를 표현하기 위해 0 또는 1, 두 가지 상태만을 사용하는 코드

하나 더 알기   자료 표현 및 저장 단위

- 1KB(Kilo Byte): 2^{10}byte
- 1GB(Giga Byte): 2^{10}MB
- 1PB(Peta Byte): 2^{10}TB
- 1ZB(Zetta Byte): 2^{10}EB
- 1MB(Mega Byte): 2^{10}KB
- 1TB(Tera Byte): 2^{10}GB
- 1EB(Exa Byte): 2^{10}PB
- 1YB(Yotta Byte): 2^{10}ZB

---

❸ 10진수를 2진수로 변환하기

- 방법 1: 10진수를 2로 계속 나눈 후, 그 나머지를 역순으로 표현하는 방법
- 방법 2: 자릿값의 필요 유무에 따라 1과 0으로 표현하는 방법

10진수 22를 2진수로 변환하는 방법

```
2 | 22
2 | 11 … 0
2 | 5 … 1
2 | 2 … 1
    1 … 0
```
$22_{(10)} = 10110_{(2)}$

10진수를 2진수로 계속 나눈 후 나머지를 역순으로 표현

2진수의 각 자릿값으로 표현한 후 해당 숫자를 만들기 위해 자릿값이 필요하면 1, 그렇지 않으면 0으로 표현

16 (2^4)	8 (2^3)	4 (2^2)	2 (2^1)	1 (2^0)
1	0	1	1	0

$22_{(10)} = (2^4 \times 1) + (2^3 \times 0) + (2^2 \times 1) + (2^1 \times 1) + (2^0 \times 0) = 10110_{(2)}$

Tip▶ 10진수를 2진수로 변환하기

10진수	2진수 자릿값을 이용한 표현	2진수
1		0001
2		0010
3		0011
4		0100
5		0101
6		0110
7		0111
8		1000

3. 문자 정보의 디지털 표현

❶ 문자 정보

의사소통을 위해 사용되는 한글, 한자, 영문자, 특수 문자 등을 문자 정보라고 함, 컴퓨터에서는 문자별로 약속된 2진 코드를 이용하여 문자를 표현하며 어떤 문자 코드를 사용하느냐에 따라 2진 코드값이 다르게 부여됨

하나 더 알기   문자 표현에 필요한 용량

- 한글, 한자, 특수 문자(전각 기호): 2byte
- 영문자, 숫자, 공백, 특수 문자(키보드 문자 등): 1byte

---

❷ 아스키코드(ASCII code)

- 미국표준협회에서 제시한 정보 교환용 표준 부호로 대표적인 문자 코드
- 통신 장치 등에서 정보를 주고받을 때 사용하는 코드
- 7비트로 구성되어 있으며 128개의 문자 표현이 가능하지만 실제로는 영문 알파벳 대소문자, 10개의 숫자, 32개의 특수 문자와 공백 문자를 표현 가능

❸ 유니코드

- 국제표준화기구에서 만든 코드
- 지구상에 존재하는 모든 언어를 표현할 수 있도록 한 표준화된 코드
- UTF-8, UTF-16, UTF32 등이 있으며, 최대 4바이트까지 표현 가능

Tip▶ 한글 코드의 종류

- 조합형: 한글 자음과 모음에 각각의 코드를 부여하고 이를 조합해서 사용하는 방식
- 완성형: 완성된 한글 조합을 코드 테이블에서 찾아 변환하는 방식

4. 그림 정보의 디지털 표현

❶ 그림 정보

점, 선, 면, 색채를 사용하여 표현된 정보이며, 그림을 구성하는 픽셀의 색상을 숫자로 변환하여 디지털화함

❷ 픽셀(pixel)
- 화소라고도 하며 컴퓨터 화면 또는 디지털 이미지를 구성하는 가장 기본 단위(최소 단위의 점)
- 화소의 크기가 작으면 화면 또는 이미지에 들어가는 점의 개수가 많아지므로 그림을 선명하게 표현할 수 있음

❸ 해상도
- 그림이나 사진의 정밀도를 나타내는 단위
- 모니터 화면에 표시할 수 있는 픽셀의 수로 표현
- 단위: PPI(Pixels Per Inch), DPI(Dots Per Inch)를 사용

Tip 해상도의 단위
- PPI(Pixels Per Inch): 1인치 안에 몇 개의 화소가 있는지 나타내는 단위로 주로 모니터에서 쓰임
- DPI(Dots Per Inch): 1인치 안에 몇 개의 점이 있는지 나타내는 단위로 주로 프린터에서 쓰임

❹ 픽셀 수와 해상도의 관계
- 픽셀 수가 적으면 해상도가 낮아 그림이 거칠게 표현되며, 픽셀 수가 많으면 해상도가 높아 그림이 더 선명하게 표현됨
- 해상도가 높으면 파일의 크기가 크고, 해상도가 낮으면 파일의 크기가 작음

❺ 그림의 표현 방식
그림의 표현 방식에는 비트맵과 벡터 방식이 있음

내용	비트맵(bitmap)	벡터(vector)
특징	• 점이 모여 그림을 이루는 방식 • 그림을 사실적으로 표현 가능 • 선명하고 정밀한 색상 표현이 가능 • 확대하면 그림이 일그러짐 • 선명할수록 파일의 용량이 커짐 〈비트맵〉	• 점과 점의 위치로 계산한 함수식으로 표현 • 확대해도 그림이 일그러지지 않음 • 주로 선 위주로 구성되어 있으므로 파일 용량이 작음 • 정밀하고 다양한 표현이 어려움 〈벡터〉
파일 형식	JPG, GIF, BMP 등	AI, EPS, SVG, WMF 등
활용 분야	사진, 스캔한 그림 등	글자나 회사 로고, 캐릭터 디자인 등

▲ 비트맵과 벡터의 비교

Tip 그림 파일 형식
- JPG: 정지 화상을 위한 손실 압축 방법의 표준으로, 파일의 크기가 작아서 웹에서 주로 사용함
- GIF: 웹에서 가장 널리 쓰인 파일 포맷으로, 비손실 압축으로 최대 256색까지 표현 가능
- BMP: 비트맵을 저장하는 그림 파일 포맷으로, 1~24비트의 색을 표현 가능

- AI: 어도비 일러스트레이터 파일 형식으로 대표적인 벡터 그래픽 방식
- SVG: 벡터 그래픽 방식으로 표현하기 위한 XML 기반 파일 형식

❻ 색상의 디지털 표현
그림의 픽셀 하나하나에는 색상 정보가 저장되고, 각 픽셀에 할당된 비트 수에 따라 표현할 수 있는 색상의 수가 정해짐

비트 수	표현 가능한 색상 수	내용
1비트	$2^1=2$	검은색 또는 흰색, 두 가지 색상을 표현
2비트	$2^2=4$	색상을 4단계로 표현(흰색, 밝은 회색, 진한 회색, 검은색)
8비트	$2^8=256$	색상은 256단계로 표현, GIF 형식에서 사용하는 색상 수
16비트	$2^{16}=65,536$	RGB값을 각각 5비트씩 할당하고, 나머지 1비트는 투명 여부를 결정
24비트	$2^{24}=16,777,216$	RGB값을 각각 8비트씩 할당하여 표현
32비트	$2^{24}=16,777,216$	RGB값을 각각 8비트씩 할당하고, 나머지 8비트는 투명도를 표현(표현 가능한 색상 수는 24비트와 같음)

5. 소리의 디지털 표현
❶ 소리의 구성
- 주파수: 소리의 높고 낮음으로 1초당 반복되는 주기의 횟수로, 주파수가 높으면 고음, 낮으면 저음이 되고 측정 단위는 헤르츠(Hz)를 사용
- 진폭: 소리의 세기로 센 소리는 진폭이 크고, 약한 소리는 진폭이 작고, 측정 단위는 데시벨(dB)을 사용
- 음색: 소리의 감각적 특징으로, 사람이나 사물마다 소리를 내는 파형이 다름

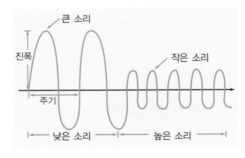

▲ 소리의 구성

❷ 소리의 디지털 변환 과정
- 소리는 아날로그 소리 파형을 일정한 시간 간격으로 나눈 후, 그때의 소리 높낮이를 측정한 값을 디지털 정보로 표현
- 소리 파형을 나누는 시간 간격이 작으면 작을수록 원음에 가까운 소리가 나며, 저장 용량이 커짐

아날로그 소리 파형

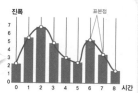

표본화: 아날로그 소리 파형을 일정한 간격으로 나눈 후 측정값을 수치화함

010101111101011101100010

부호화: 각각의 값을 0과 1의 디지털 정보로 표현함

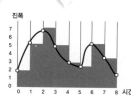

양자화: 소리의 크기를 가까운 정수로 표현함

MEMO

01 자료와 정보에 대한 설명으로 옳지 <u>않은</u> 것은?

① 정보는 관찰이나 측정을 통하여 얻은 값이나 사실을 말한다.

② 정보는 또 다른 정보를 생성하기 위한 자료로 활용될 수도 있다.

③ 정보는 표현 방법에 따라 아날로그 정보와 디지털 정보로 구분할 수 있다.

④ 온도, 습도, 풍향, 구름 사진 등의 자료를 모아 처리하면 날씨 정보가 된다.

⑤ 일상생활에 있는 다양한 정보를 활용하여 여러 가지 문제를 해결할 수 있다.

02 보기 의 ㉠, ㉡에 들어갈 용어를 쓰시오.

보기

(㉠) 정보는 시간의 흐름에 따라 연속적으로 변화하는 값을 표현한 것이고, (㉡) 정보는 연속적인 값을 일정한 간격으로 끊어서 명확한 수치 형태로 표현한 것이다.

㉠: (   )

㉡: (   )

03 다음 학생들의 대화를 보고, 디지털 정보의 특징에 대해 바르게 설명한 학생을 있는 대로 고른 것은?

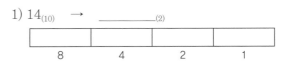

① 영희, 창호　　　　　② 영희, 민정

③ 철수, 민정　　　　　④ 창호, 철수

⑤ 창호, 민정

04 보기 의 ㉠과 ㉡에 들어갈 용어로 옳은 것은?

보기

디지털 정보에서 0과 1로 표현된 2진수 한 자리를 (㉠)라고 하며, 이것을 8개 묶으면 (㉡)라고 한다.

　㉠　　　㉡　　　　　　㉠　　　㉡

① 비트　　워드　　　② 비트　　코드

③ 비트　　바이트　　④ 바이트　　코드

⑤ 바이트　　비트

05 다음은 자료의 저장 단위를 나타낸 표이다. ㉠에 들어갈 단위로 옳은 것은?

단위	KB	MB	GB	㉠	PB
저장 용량 (단위: Byte)	2^{10}	2^{20}	2^{30}	2^{40}	2^{50}

① TB　　　　② EB　　　　③ ZB

④ RB　　　　⑤ NB

06 다음 10진수를 2진수로 표현해 보자.

1) $14_{(10)}$ → ＿＿＿＿＿$_{(2)}$

8	4	2	1

2) $9_{(10)}$ → ＿＿＿＿＿$_{(2)}$

8	4	2	1

07 다음에서 설명하고 있는 코드는?

- 정보 교환용 표준 코드
- 7비트로 1개의 영문자를 표현
- 128개의 서로 다른 문자를 표현할 수 있음

① 유니코드　　　　② BCD코드
③ 아스키코드　　　④ 조합형코드
⑤ 완성형코드

08 비트맵 방식에 대한 설명으로 옳은 것을 보기 에서 있는 대로 고른 것은?

보기
ⓐ 사실적인 그림을 표현할 때 사용한다.
ⓑ 픽셀들이 모여서 그림을 이루는 방식이다.
ⓒ 선 위주의 이미지 표현에 적합한 방식이다.
ⓓ 그림을 확대해도 계단 현상이 발생하지 않는다.

① ㉠, ㉡　　　　　② ㉠, ㉢
③ ㉡, ㉢　　　　　④ ㉡, ㉣
⑤ ㉢, ㉣

09 다음 중 벡터 방식에 해당하는 파일 형식은?

① JPG　　　　　② PNG
③ GIF　　　　　④ BMP
⑤ WMF

10 다음에서 설명하고 있는 용어는?

- 단위로는 PPI, DPI를 사용한다.
- 그림이나 사진의 선명도를 나타낸다.
- 모니터에 표시할 수 있는 픽셀 수를 의미한다.

① 프레임　　　　　② 표준화
③ 해상도　　　　　④ 선명도
⑤ 정확도

11 색상의 디지털 표현에 관한 설명으로 옳지 <u>않은</u> 것은?

① 4비트로는 8가지의 색상 표현이 가능하다.
② 할당된 비트 수에 따라 색상의 수가 정해진다.
③ GIF 파일에서 사용하는 색상의 수는 256개이다.
④ 24비트 컬러는 RGB값을 8비트씩 할당하여 표현한다.
⑤ 할당된 비트 수가 많을수록 더 많은 색상 표현이 가능
하다.

12 보기 의 ㉠, ㉡에 들어갈 용어로 옳은 것은?

보기
　소리의 구성에서 (　㉠　)은/는 소리의 높고 낮음
으로 1초당 반복되는 주기의 횟수를 말하며, (　㉡　)
은/는 소리의 세기를 말하며 측정 단위로 데시벨(db)을 사
용한다.

　　㉠　　　㉡　　　　　　㉠　　　㉡
① 진폭　　　음색　　　② 진폭　　　주파수
③ 주파수　　음색　　　④ 주파수　　진폭
⑤ 주파수　　샘플링

13 다음에서 설명하고 있는 용어를 쓰시오.

- 화면을 구성하는 가장 기본적인 단위이다.
- 이것의 크기가 작으면 화면에 들어가는 점의 개수가 많아
져서 그림을 선명하게 표현할 수 있다.

(　　　　　　　　　　　　　　　　)

14 한글 코드의 종류에 해당하는 것을 보기 에서 있는 대로 고른 것은?

보기
㉠ BCD 코드　　　　㉡ 아스키 코드
㉢ 완성형 코드　　　㉣ 조합형 코드

① ㉠　　　　② ㉢　　　　③ ㉠, ㉡
④ ㉢, ㉣　　⑤ ㉠, ㉢, ㉣

02 자료의 수집과 관리

① 자료는 어떻게 수집하고 관리할까

1. 자료의 수집과 분류

❶ 자료 수집

- 자료의 수집 방법에는 관찰, 측정, 인터뷰, 설문 조사, 문헌 조사, 인터넷 검색 등이 있음
- 자료 수집 과정에서 인터넷을 활용하면 원하는 자료를 쉽고 빠르게 찾을 수 있음
- 자료 수집을 위해서는 자료 수집의 목적이 무엇인지 먼저 파악해야 함

1 수집 목적 파악하기
例 체육대회 때 입을 단체 티셔츠를 구입

2 수집할 대상 정하기
例 학생용 티셔츠

3 수집할 자료 정하기
例 티셔츠의 가격과 학생들이 선호하는 디자인

4 수집 방법 정하기
例 인터넷

▲ 자료의 수집 과정

Tip 컴퓨터를 활용한 자료 수집의 장점
- 자료의 분류, 수정, 저장이 쉬움
- 다양한 자료를 빨리 수집할 수 있음
- 시간과 공간의 제약 없이 자료를 수집할 수 있음
- 자료의 양이 많아도 저장 공간을 많이 차지하지 않음
- 수집된 자료를 다른 사람과 공유하기가 쉬움

❷ 자료의 분류

- 수집한 자료를 일정 기준에 따라 정리해서 나누는 것
- 자료의 목적에 맞게 분류해야 활용의 효용성이 높아짐
- 응용 소프트웨어를 활용하면 체계적인 자료 분류가 가능
- 자료 분류를 돕는 소프트웨어
  例 스프레드시트 프로그램(한셀, 엑셀)
  데이터베이스 관리 프로그램(액세스)

Tip 스프레드시트를 통한 자료 관리
- 표와 차트를 이용한 관리

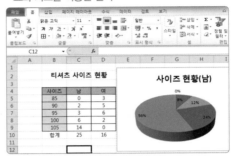

- 필터와 정렬을 활용한 관리

Tip 필터
데이터 목록 중 원하는 데이터를 추출해 내는 기능

Tip 정렬
데이터를 오름차순 또는 내림차순으로 재배열하는 것

2. 자료의 관리와 공유

❶ 자료의 관리

- 자료의 수집 과정이 끝나면 응용 소프트웨어를 활용하여 컴퓨터에 저장하거나 온라인에 저장하여 관리
- 자료 관리 소프트웨어
  例 워드프로세서: 문서 작성 프로그램(한글, MS워드 등), 온라인 문서 작성 프로그램(구글 문서, 네이버오피스 등)
  스프레드시트: 표 계산 프로그램(엑셀, 한셀 등)
  프레젠테이션: 발표 프로그램(파워포인트, 한쇼, 프레지 등)

❷ 자료의 공유

- 저장된 자료를 온라인과 오프라인을 통해 공유하고 활용
- 자료 공유 방법
  例 오프라인: 발표, 보고서, 문서 주고받기
  온라인: 전자 우편 주고받기, 홈페이지 게시, 클라우드 컴퓨팅 서비스, SNS를 통한 공유

03 정보의 구조화

① 정보의 구조화란 무엇일까

1. 정보의 구조화

다양한 정보를 성격과 특징에 맞게 분류하고 체계적으로 정리하여 표현한 것

❶ 정보 구조화의 필요성

- 구조화를 하면 전체적인 구조를 한눈에 파악하기 쉬움
- 정보가 구조화되어 있으면 필요한 정보를 쉽게 찾음
- 정보가 구조화되어 있으면 다른 사람들에게 같은 정보라도 효과적으로 전달 가능

▲ 생활 속 구조화의 예

② 정보의 구조화는 어떻게 할까

정보를 구조화하기 위해서는 정보의 종류와 특징, 활용 목적에 따라 어떤 표현 방법을 사용하는 것이 효율적인지를 먼저 파악해야 함

1. 글로 표현하기

❶ 단어나 문장을 통해 정보를 전달하는 방법

❷ 시간의 흐름이나 일의 순서에 따라 나열하여 정보를 표현

❸ **장점**: 가장 간단하게 구조화할 수 있는 방법

　예 노트 필기, 오늘의 할 일, 요리 레시피, 표어, 공고문 등

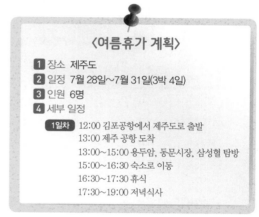

▲ 여행 계획서

▲ 행사 안내

2. 표(테이블)로 표현하기

❶ 가로, 세로 항목을 정하고 그 안에 자료를 채워서 표현하는 구조
❷ 많은 양의 자료를 정리할 때 사용하는 방법으로 수치 정보를 구조화할 때 많이 사용
❸ 장점
- 많은 자료를 한눈에 파악하기 쉬움
- 자료의 추가, 수정, 삭제가 쉬움
  📌 버스 시간표, 주소록, 월별 매출 현황 등

요일 교시	월	화	수	목	금
1	국어	과학	기가	사회	수학
2	영어	수학	영어	체육	국어
3	사회	미술	국어	수학	정보
4	기가	영어	과학	국어	도덕
5	도덕	정보	체육	미술	동아리
6	음악	과학	음악	자율	동아리

🔺 시간표

1일 에너지 필요량(Kcal)	남자	
	신장(cm)	표준체중(kg)
1,400Kcal	145~149	48~50
1,500Kcal	150~153	50~52
1,600Kcal	154~157	52~54
1,700Kcal	158~162	54~58
1,800Kcal	163~167	58~62
1,900Kcal	168~171	62~65
2,000Kcal	172~176	65~68
2,100Kcal	177~180	68~72
2,200Kcal	181~184	72~76
2,300Kcal	185~188	76~78

🔺 남자의 신장별 표준 체중과 에너지 필요량

리무진운행 시간표

전주 ↔ 김포 · 인천공항			익산IC ↔ 김포 · 인천공항			인천공항 ↔ 전주 · 익산IC행		
02:20	07:20	13:00	02:50	07:50	13:30	06:00	12:15	18:00
02:40	08:00	13:30	-	08:30	14:00	06:30	13:00	18:30
03:00	09:00	14:00	03:30	09:30	14:30	07:30	13:30	19:00
03:30	10:00	14:30	-	10:30	15:00	08:00	14:15	19:30
04:00	10:30	15:00	04:30	11:00	15:30	08:30	15:00	20:00
04:40	11:00	16:00	05:10	11:30	16:30	09:15	15:30	20:30
05:20	11:30	17:00	05:50	12:00	17:30	10:00	16:00	21:30
06:00	12:00	18:00	06:30	12:30	18:30	10:30	17:00	22:15
06:40	12:30	19:00	07:10	-	19:30	11:30	17:30	22:45

🔺 리무진 운행 시간표

3. 그림으로 표현하기

❶ 도형이나 기호, 선, 점 등을 사용하여 서로의 상호관계를 도식화하여 표현하는 구조
❷ 장점
- 한눈에 전체적인 구조를 파악하기 쉬움

- 정보 간의 분류 체계와 관계를 파악하기 쉬움
❸ 그림으로 구조화하는 다양한 방법
- 조직도: 회사나 학급의 조직도, 우리 집 가계도 등 상하관계를 표현할 때 사용하는 방법

🔺 우리 반 조직도

- 그래프: 복잡한 관계를 도식화하여 서로의 관계를 연결선으로 표시하는 구조

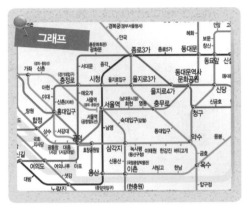

🔺 지하철 노선도

- 차트: 자료 간의 상호 관계를 도형으로 표현한 것

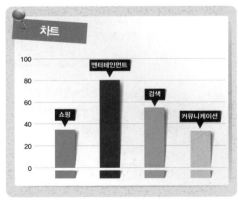

🔺 인터넷 이용 현황

• 마인드맵: 지식이나 본인의 생각을 계층 구조로 표현한 것

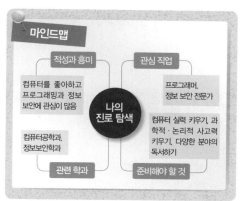

▲ 나의 진로 탐색

• 벤 다이어그램: 자료 간의 관계를 집합으로 표현한 것

▲ 방과후 학교 프로그램 신청 현황

• 인포그래픽: 자료를 다양한 방법으로 시각화하여 표현한 것

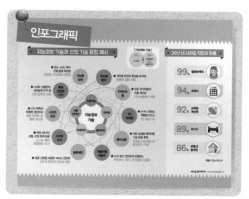

▲ 지능 정보 기술과 20년 내 사라질 직업

✅ 점검하기

❶ 자료를 검색하여 모으는 과정을 □□ □□이라고 한다.

❷ 자료를 일정한 기준에 따라 정리해서 나누는 것을 자료의 □□라고 한다.

❸ 자료를 수집하기 위해서는 먼저 자료 수집의 □□이 무엇인지 파악해야 한다.

❹ 정보를 성격과 특징에 맞게 분류하고 체계적으로 정리하여 표현하는 것을 정보의 □□□라고 한다.

❺ 정보는 □, □, □□ 등으로 구조화하여 표현할 수 있다.

| 정답 | ❶ 자료 수집　❷ 분류　❸ 목적　❹ 구조화
❺ 글, 표, 그림

MEMO

중단원 핵심 문제

01 자료의 수집 방법에 해당하는 것을 보기 에서 있는 대로 고른 것은?

보기
㉠ 관찰　　　㉡ 측정　　　㉢ 발표
㉣ 정렬　　　㉤ 설문 조사

① ㉠, ㉡　　　　　　② ㉠, ㉢
③ ㉡, ㉤　　　　　　④ ㉠, ㉡, ㉤
⑤ ㉡, ㉢, ㉣

02 컴퓨터를 이용한 자료 수집 방법의 장점으로 적절하지 않은 것은?

① 자료의 분류, 수정, 저장이 쉽다.
② 다양한 자료를 빨리 수집할 수 있다.
③ 수집된 자료를 다른 사람과 공유하기가 쉽다.
④ 시간과 공간의 제약 없이 자료를 수집할 수 있다.
⑤ 자료의 양이 많으면 많을수록 저장 공간을 많이 차지한다.

03 우리 반의 반 티셔츠를 구입하기 위해 다음과 같이 자료 수집 계획을 세웠다. 내용이 적절하지 않은 것을 있는 대로 고른 것은?

자료 수집 계획서
㉠ 수집 목적: 체육대회 때 입을 단체 티셔츠 구입
㉡ 수집 대상: 티셔츠 가격, 티셔츠 디자인
㉢ 수집 항목: 학생용 티셔츠
㉣ 수집 방법: 인터넷 검색

① ㉠, ㉡　　　　　　② ㉠, ㉢
③ ㉡, ㉢　　　　　　④ ㉡, ㉣
⑤ ㉢, ㉣

04 보기 에 있는 물건을 분류하려고 한다. 분류 기준을 정한 후 그 기준에 맞게 분류해 보자.

보기
텔레비전,　침대,　책상,　냉장고,
세탁기,　식탁,　소파,　전자레인지

분류 기준		
물건		

05 보기 의 ㉠, ㉡에 들어갈 용어로 옳은 것은?

보기
문제 해결을 위해 흩어져 있는 자료를 다양한 방법을 통해 모으는 과정을 자료의 (　㉠　)(이)라고 하고, 자료를 목적에 맞게 기준을 정해 나누는 것을 자료의 (　㉡　)(이)라고 한다.

　　㉠　　　㉡　　　　　　　㉠　　㉡
① 수집　　구조화　　　② 분류　수집
③ 수집　　분류　　　　④ 분류　구조화
⑤ 구조화　수집

06 다음은 정보의 구조화와 관련된 수업의 대화 내용이다. 선생님의 질문에 바르게 대답한 학생을 있는 대로 고른 것은?

① 성희
② 수열, 영희
③ 성희, 아름
④ 수열, 성희, 아름
⑤ 수열, 성희, 영희

다음에서 설명하고 있는 구조화 방법은?

- 자료의 추가, 수정, 삭제가 쉽다.
- 많은 양의 자료를 한꺼번에 표현하기 쉽다.
- 자료를 행과 열로 구분하여 표현하는 구조이다.

① 글
② 표
③ 차트
④ 마인드맵
⑤ 벤다이어그램

07 그림과 같은 구조화 방법에 대한 설명으로 옳은 것을 보기 에서 있는 대로 고른 것은?

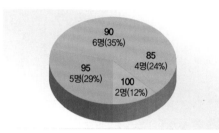

▲ 여학생 티셔츠 사이즈 현황

보기

㉠ 자료를 시간의 순서로 나열하여 정리하였다.
㉡ 계층을 이용하여 자료의 상·하위 관계를 표현하였다.
㉢ 복잡한 관계를 도식화하여 서로의 관계를 연결선으로 표시하였다.
㉣ 도형을 이용하여 각 항목이 차지하는 비율을 한눈에 보기 쉽게 표현하였다.

① ㉡
② ㉣
③ ㉠, ㉡
④ ㉢, ㉣
⑤ ㉡, ㉢, ㉣

08 다음 중 자료 관리 소프트웨어에 해당하는 것을 보기 에서 있는 대로 고른 것은?

보기

㉠ 한글
㉡ 엑셀
㉢ 리눅스
㉣ 파워포인트

① ㉠, ㉡
② ㉠, ㉢
③ ㉡, ㉢
④ ㉠, ㉡, ㉣
⑤ ㉡, ㉢, ㉣

10 다음 두 학생의 대화 내용을 보고 내일의 여행 일정을 표로 구조화하여 표현하시오.

성희: 영희야, 우리 내일은 몇 시에 일어나야 해?
영희: 8시쯤 일어나서 씻고 9시에 출발해야 해.
성희: 어디를 갈 건데?
영희: 오전 10시에 박물관 가서 구경한 후, 점심 먹고 오후에 영화 보러 갈 거야.
성희: 영화는 몇 시에 예매했는데?
영희: 12시쯤 점심 먹고 2시 30분에 영화 보러 가면 돼.
성희: 영화 보고 저녁 먹는 거지? 내일 재밌겠다.
영희: 응, 영화 보고 6시쯤 푸드 코트 가서 저녁 먹자.

11 보기 의 ㉠에 들어갈 용어를 쓰시오.

보기

기준을 정한 후, 데이터를 오름차순 또는 내림차순으로 재배열하는 것을 (㉠)(이)라고 한다.

( )

01 다음은 디지털 정보의 특징에 관련된 내용이다. 퀴즈에 대한 응답이 맞으면 해당하는 아이템을 획득하게 되는데, 다음과 같이 응답했을 때 퀴즈 종료 후 아바타의 모습으로 옳은 것은?

아바타	아이템	○X 퀴즈	응답
	🎩	파일로 저장이 가능하기 때문에 오래 저장할 수 있다.	X
	👜	아날로그 정보보다 좀 더 세밀한 표현이 가능하다.	○
	👢	자료의 수정, 삭제, 편집이 쉽다.	○

① ② ③

④ ⑤

02 유니코드의 특징에 해당하는 것을 보기 에서 있는 대로 고른 것은?

┌─ 보기 ─────────────────────────┐
㉠ 정보 교환용 표준 코드
㉡ 7비트로 한 개의 문자를 표현
㉢ 국제 표준화 기구에서 만든 국제 표준 코드
㉣ 8비트, 16비트 등 최대 32비트까지 사용하여 문자를 표현
└────────────────────────────┘

① ㉠, ㉡ 　　　② ㉠, ㉢
③ ㉡, ㉢ 　　　④ ㉡, ㉣
⑤ ㉢, ㉣

03 다음은 아스키코드의 일부를 나타낸 표이다. 예시를 보고 주어진 문자를 2진 코드로 변환하시오.

하위 비트 \ 상위 비트	010	011	100	101	110	111
0000	SP	0	@	P	`	p
0001	!	1	A	Q	a	q
0010	"	2	B	R	b	r
0011	#	3	C	S	c	s
0100	$	4	D	T	d	t
0101	%	5	E	U	e	u
0110	&	6	F	V	f	v
0111	'	7	G	W	g	w
1000	(	8	H	X	h	x

번호	문자	상위 비트	하위 비트
예시	A	100	0001
(1)	R		
(2)	g		
(3)	%		

04 다음은 그림의 디지털 표현에 관련된 ○X 퀴즈이다. 퀴즈의 정답을 맞히면 해당 점수를 받을 수 있다. 답안을 채점했을 때 받은 점수의 합계는?

○X 퀴즈	답안	점수
비트맵 파일은 선명할수록 파일의 용량이 커진다.	○	2점
비트맵 파일 형식에는 AI, EPS, SVG 등이 있다.	X	3점
벡터 파일 형식은 글자나 로고, 캐릭터 디자인에서 주로 사용된다.	X	4점

① 3점 　　　② 4점
③ 5점 　　　④ 6점
⑤ 7점

05 픽셀과 해상도에 관한 설명으로 옳은 것을 보기 에서 있는 대로 고른 것은?

보기
㉠ 프린터에서 쓰는 해상도의 단위는 PPI이다.
㉡ 해상도는 (가로 픽셀 수)×(세로 픽셀 수)로 표현한다.
㉢ 화면을 구성하는 가장 기본 단위를 픽셀이라고 한다.
㉣ 픽셀 수가 적을수록 해상도가 높아지고 그림이 선명해진다.

① ㉠, ㉡   ② ㉠, ㉢   ③ ㉡, ㉢
④ ㉡, ㉣   ⑤ ㉢, ㉣

06 그림에서 (가)에 해당하는 이미지 표현 방식에 대한 설명으로 옳은 것을 보기 에서 있는 대로 고른 것은?

(가)	(나)

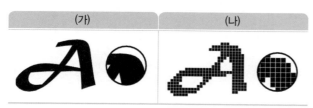

보기
㉠ 그림을 점과 점의 위치를 계산한 함수식으로 표현하는 방식이다.
㉡ 선 위주로 구성되어 있어서 파일 용량이 작다.
㉢ 그림을 확대하면 그림이 일그러진다.
㉣ 각 픽셀에 정보를 담을 수 있어서 사실적인 그림을 표현할 때 주로 사용한다.

① ㉠, ㉡   ② ㉠, ㉢   ③ ㉡, ㉢
④ ㉡, ㉣   ⑤ ㉢, ㉣

07 다음은 에어컨을 작동하기 위한 버튼이다. 이 버튼들의 기능을 있는 대로 표현하기 위해서는 최소 몇 비트 이상을 사용해야 하는가?

에어컨 작동 명령 버튼	
■ 전원 켜기	■ 전원 끄기
■ 온도 증가	■ 온도 감소
■ 바람 세기 증가	■ 바람 세기 감소

① 1비트   ② 2비트   ③ 3비트
④ 5비트   ⑤ 6비트

08 그림을 보고 소리 정보를 디지털로 변환하는 과정에 맞게 순서대로 나열하시오.

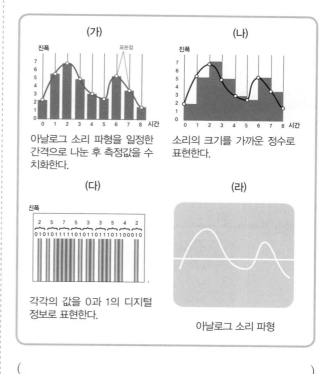

(가) 아날로그 소리 파형을 일정한 간격으로 나눈 후 측정값을 수치화한다.

(나) 소리의 크기를 가까운 정수로 표현한다.

(다) 각각의 값을 0과 1의 디지털 정보로 표현한다.

(라) 아날로그 소리 파형

(   )

09 정보 구조화의 필요성에 대해 2가지 이상 서술하시오.

_____

_____

_____

10 다음 설명에 해당하는 정보 구조화 방법을 보기 에서 있는 대로 고른 것은?

• 정보 내용을 간결하게 도식화하여 표현하는 방법이다.
• 도형이나 선을 이용하여 상호 관계나 계층 구조로 표현하는 방법이다.

보기
㉠ 표   ㉡ 글
㉢ 마인드맵   ㉣ 인포그래픽

① ㉠, ㉡   ② ㉠, ㉢
③ ㉡, ㉢   ④ ㉡, ㉣
⑤ ㉢, ㉣

수행평가 활동

수행 활동지 ❶	문자 코드로 표현하기
단원	**II. 자료와 정보** 01. 자료와 정보의 표현
활동 목표	주어진 문자를 디지털로 변환하여 표현할 수 있다.

○ 보기 의 문자 코드를 활용하여 제시된 문장을 2진 코드로 표현해 보자.

보기

상위 비트 하위 비트	010	011	100	101	110	111
0000	SP	0	@	P	`	p
0001	!	1	A	Q	a	q
0010	"	2	B	R	b	r
0011	#	3	C	S	c	s
0100	$	4	D	T	d	t
0101	%	5	E	U	e	u
0110	&	6	F	V	f	v
0111	'	7	G	W	g	w
1000	(	8	H	X	h	x
1001	)	9	I	Y	i	y
1010	*	:	J	Z	j	z
1011	+	;	K	[	k	{
1100	,	〈	L	₩	l	|
1101	−	=	M	]	m	}
1110	.	〉	N	^	n	~
1111	/	?	O	_	o	DEL

대문자 A에 해당하는 2진 코드는 1000001이다.

Hello!						
H						
e						
l						
l						
o						
!						

수행평가 활동

수행 활동지 ❷	정보를 구조화하기
단원	**II. 자료와 정보** 03. 정보의 구조화
활동 목표	실생활의 정보를 다양한 형태로 구조화하여 표현할 수 있다.

◯ **다음 설문 조사 결과를 보고 물음에 답하시오.**

> 14~19세 청소년 900명을 대상으로 1년 동안 가장 많이 이용한 여가 공간을 묻는 설문 조사(복수 응답)에서 응답 결과 음식점(레스토랑, 식당) 20.5%, 집 주변 16.1%, 커피숍 19.8%, 영화관 22.3%, 쇼핑몰 9.7%, 운동 경기장 10.4%, 노래방 16%, 학교 운동장 25.6%, PC방 22.5%, 학교 시설 21.5%, 대형 서점 6.7% 등으로 나타났다.
>
> 〈출처〉 KOSIS 국가통계포털

1. 위의 설문 결과를 순위별로 정리한 후, 표로 구조화하여 표현해 보자.

순위	장소	비율
1		
2		
3		
4		
5		
6		
7		
8		
9		
10		

2. 위의 설문 결과를 그림으로 구조화하여 표현해 보자.

MEMO

III 문제 해결과 프로그래밍

01 문제 이해와 분석

① 문제란 무엇이며 어떻게 해결할까

1. 문제

해답을 요구하는 물음이나 해결해야 하는 과제

박물관으로 가려면 어디로 가야 하지?

다른 사람들에게 물어볼까?

이번 여름휴가는 어디로 갈까? ♥

전 바다로 가서 해수욕을 하고 싶어요.

나는 조용한 휴양림에 한 표!

발표 자료를 만들어야 하는데 무엇부터 해야 할까?

각자 역할 분담부터 하면 어때?

> **Tip** 컴퓨터로 해결이 어려운 문제
> 감정, 사상, 신념 등과 같이 사람마다 다르게 결정될 수 있는 형태의 문제는 컴퓨터로 해결하기 어려움

▲ 일상생활의 다양한 문제들

예 일상생활의 다양한 문제 상황
- 집에서 학교까지 길 찾기
- 한 달 용돈을 효과적으로 사용할 수 있는 방법
- 여행을 하면서 들를 장소에 대한 효율적인 동선 찾기
- 거스름돈을 받을 때 동전을 가장 적게 사용하는 방법
- 도서관에서 원하는 책 찾기

하나 더 알기 **정보 과학에서 다루는 문제의 유형**

❶ **탐색 문제:** 주어진 자료의 영역에서 특정 값을 찾기 위한 문제
❷ **카운팅 문제:** 주어진 문제의 영역에서 나타나는 해의 개수가 몇 개인지 헤아리는 문제
❸ **결정 문제:** 문제를 해결하였을 때, '예' 또는 '아니요'로 답할 수 있는 문제
❹ **최적화 문제:** 계산 결과로 얻은 해 중에서 가장 적절한 해를 찾는 문제
❺ **함수형 문제:** 입력되는 값에 따라 정의된 절차에 의해 결과를 출력해 주는 문제

---

2. 일반적인 문제 해결 과정과 컴퓨팅 사고를 적용한 문제 해결 과정

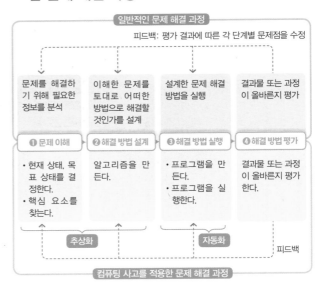

> **Tip** 컴퓨팅 사고력
> 컴퓨터 과학자처럼 생각하는 능력. 컴퓨터 과학의 기본 개념 및 컴퓨팅 시스템을 활용하여 실생활의 문제를 창의적이고 효율적으로 해결하는 능력

❶ **추상화:** 문제의 복잡성을 제거하기 위한 문제 분석, 핵심 요소 추출, 알고리즘 설계 과정

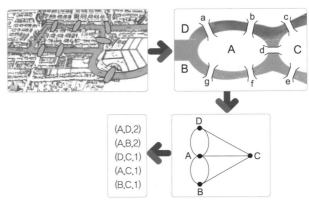

▲ **추상화의 예(쾨니히스베르크의 다리 건너기 문제)** 같은 다리를 두 번 건너는 일 없이 7개의 다리를 모두 건너는 방법을 찾는 문제로, 문제를 해결하기 위해 도시의 불필요한 건물들을 제거하여 다리와 땅만 남겼으며, 땅을 점으로, 다리는 선으로 표현하였다. 마지막으로 이어진 두 점과 두 점을 잇는 선의 수를 활용해 핵심 정보를 표현함

> **Tip** 쾨니히스베르크의 다리 건너기 문제
> '한붓 그리기' 문제로 알려져 있는 이 문제는 스위스 수학자 L.오일러에 의해 불가능하다고 밝혀짐

피카소의 '소' 그림은 소의 뿔, 꼬리, 다리, 몸통의 핵심을 선으로 간단하게 표현한 추상화임

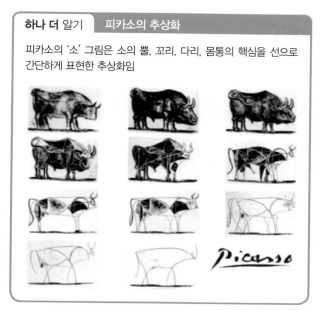

❷ **자동화:** 추상화를 통해 만들어진 문제 해결 절차를 컴퓨터가 이해할 수 있도록 프로그램으로 작성하고 실행하는 과정

② 문제를 분석해 볼까

1. 현재 상태와 목표 상태의 이해

❶ **현재 상태:** 문제가 발생한 상태, 문제 해결에 필요한 내용을 찾고 준비하는 기초 정보를 제공함

❷ **목표 상태:** 문제가 해결된 상태, 문제가 어떤 모습으로 해결되어야 하는지 판단하는 기준이 됨

❸ **상태:** 사물, 현상, 상황 등이 놓여 있는 모양 또는 형편

Tip▶ 수행 작업
상태를 변화시키는 작업

2. 수행 작업 파악하기

❶ **수행 작업:** 문제를 해결하기 위해 상태를 변화시키기 위한 작업

❷ **방법:** 파악된 수행 작업을 사용해 현재 상태를 목표 상태에 도달할 수 있도록 나열

현실 세계의 정보인 자동차를 추상화하는 과정을 살펴보자. 자동차의 무게, 색상 등의 정적인 특성은 데이터로 표현할 수 있으며, 조향, 시동 등의 동적인 특성은 함수로 나타낼 수 있다. 이때 초기의 데이터는 현재 상태, 최종적으로 나타날 데이터는 목표 상태로 정의하며, 데이터를 변화시킬 함수는 수행 작업으로 표현할 수 있다.

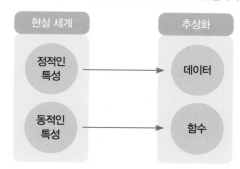

※**정보 과학에서 '상태'의 의미:** 연산을 통해 변화될 수 있는 값의 형태

☑ 점검하기

❶ ☐☐는 해답을 요구하는 물음이나 해결해야 하는 과제를 말한다.

❷ 문제 해결 과정은 ☐☐ ☐☐와 ☐☐ ☐☐ ☐☐, ☐☐ ☐☐ ☐☐, ☐☐ ☐☐ ☐☐의 순서로 진행된다.

❸ ☐☐☐ ☐☐☐을 활용한 문제 해결 과정에는 ☐☐☐, ☐☐☐가 있다.

❹ ☐☐☐ 과정은 문제의 복잡성을 제거하기 위한 것이다.

❺ 문제가 발생된 상태를 ☐☐ ☐☐라 하며, 문제가 해결된 상태를 ☐☐ ☐☐라 한다.

❻ 문제 해결을 위해 상태를 변화시키기 위한 작업을 ☐☐ ☐☐이라 한다.

| 정답 | ❶ 문제　❷ 문제 이해, 해결 방법 설계, 해결 방법 실행, 해결 방법 평가　❸ 컴퓨팅 사고력, 추상화, 자동화　❹ 추상화　❺ 현재 상태, 목표 상태　❻ 수행 작업

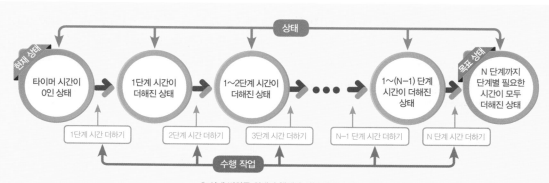

🔵 **상태 변화를 위해 수행해야 하는 작업의 예**

중단원 핵심 문제

01 다음 중 컴퓨터를 활용하여 해결하기 <u>어려운</u> 문제는?

① 좋아하는 음식 정하기
② 복잡한 수학 문제 풀기
③ 자동차 시뮬레이션 만들기
④ 주변 밝기에 따라 전등 제어하기
⑤ 집에서 학교까지 가는 가장 짧은 거리 구하기

02 문제 해결 절차로 올바른 것은?

① 문제 분석 – 해결 방법 설계 – 해결 방법 실행 – 평가하기
② 문제 분석 – 해결 방법 설계 – 평가하기 – 해결 방법 실행
③ 해결 방법 설계 – 문제 분석 – 해결 방법 실행 – 평가하기
④ 해결 방법 설계 – 해결 방법 실행 – 문제 분석 – 평가하기
⑤ 문제 분석 – 평가하기 – 해결 방법 설계 – 해결 방법 실행

03 다음 중 문제 분석 단계에서 해야 하는 활동으로 묶인 것은?

> ㉠ 알고리즘 설계하기 ㉡ 목표 상태 파악하기
> ㉢ 핵심 요소 추출하기 ㉣ 알고리즘 실행하기
> ㉤ 현재 상태 파악하기 ㉥ 수행 작업 선택하기
> ㉦ 프로그래밍하기

① ㉠, ㉡, ㉤, ㉥   ② ㉠, ㉡, ㉢, ㉤
③ ㉡, ㉢, ㉣, ㉦   ④ ㉡, ㉢, ㉤, ㉥
⑤ ㉡, ㉢, ㉤, ㉦

04 수학여행을 가서 놀이기구를 타려고 한다. 문제를 해결하기 위해 보기 다음에 소은이가 해야 할 것은?

> **보기**
> 수학여행을 가는 소은이는 놀이동산에 어떤 놀이기구가 있는지 미리 조사하여 타고자 하는 놀이기구의 순서를 정해 놓았다.

① 문제 이해   ② 문제 분석
③ 해결 방법 설계   ④ 해결 방법 실행
⑤ 해결 방법 평가

05 보기 내용을 읽고, 까마귀가 처한 현재 상태와 목표 상태를 바르게 분석한 학생은?

> **보기**
> 여름날 목이 몹시 말랐던 까마귀는 자갈밭에 놓여 있는 호리병을 발견하였다. 호리병에 있는 물을 마시기 위해 부리를 호리병의 입구에 넣어 보았지만 입구는 좁고 물의 높이가 낮아 물을 마실 수 없었다.

① 길동: 현재 상태는 지금이 여름이라는 거지.
② 철수: 현재 상태는 까마귀가 호리병을 발견한 것 아냐?
③ 영수: 자갈밭에 호리병이 놓여 있는 것이 현재 상태가 아닐까?
④ 미영: 까마귀가 호리병 가까이 가는 것이 목표 상태야!
⑤ 영희: 까마귀가 호리병의 물을 마시는 게 목표 상태야!

06 다음 문제 상황을 보고, 현재 상태와 목표 상태를 올바르게 찾은 것은?

> **문제 상황** 8인 가족이 가장 적은 비용으로 부산에서 서울로 가기 위해 교통수단을 선택하려고 한다. 거리와 교통수단별로 드는 비용을 조사해 보니 다음과 같았다.
> • 총 거리: 420km
> • 기차비: 1인당 30,000원
> • 버스비: 1인당 25,000원
> • 택시비: Km당 300원(소형 4인 승용차)
> • 자가용: 기름 값 km당 200원(소형 3인 승용차)
> • 렌터카: 렌터카 비용 50,000원(8인 승합차)
>   기름 값 km당 200원

	현재 상태	목표 상태
①	부산에 있음	서울에 도착함
②	교통수단을 선택함	부산을 출발함
③	교통수단이 선택되지 않음	교통수단을 선택함
④	기차를 선택함	렌터카를 선택함
⑤	교통수단별 비용을 계산하지 않음	교통수단별 비용을 계산함

07 보기 의 ㉠~㉢에 들어갈 용어를 순서대로 나열한 것은?

보기

(㉠) 상태는 문제가 발생된 상태를 말하며, (㉡) 상태는 문제가 해결된 후의 상태를 말한다. (㉠) 상태를 (㉡) 상태로 변화시키기 위한 작업을 (㉢) 작업이라 한다.

	㉠	㉡	㉢
①	입력	목표	수행
②	출력	입력	수행
③	현재	목표	수행
④	입력	출력	알고리즘
⑤	현재	목표	알고리즘

08 다음 문제 상황을 정확하게 분석한 사람을 있는 대로 고른 것은?

문제 상황 철수는 친구들과 수업시간에 하노이 탑 전설 이야기를 재미있게 들었다.

하노이 탑은 세 개의 기둥이 있고, 하나의 기둥에 원반이 크기 순서로 쌓여 있다. 작은 원반 위에 큰 원반이 올라 갈 수 없고, 원반은 한 개씩 이동시킬 수 있다. 최소한의 이동 횟수로 다른 기둥에 원반을 모두 옮겨야 한다.

수업이 끝난 철수는 3개의 원반을 이용해 하노이 탑 문제를 직접 풀어 보기로 했다. 원반 3개를 A 기둥에 두고 C 기둥으로 모두 옮기기로 했다.

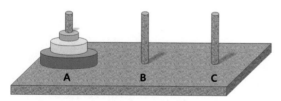

• 철수: 원반 3개가 A 기둥에 있는 게 현재 상태야.
• 민수: 목표 상태는 이동 횟수를 최소화하여 원반을 B 기둥으로 옮기는 거야!
• 영희: 원반을 한 개씩 다른 기둥에 옮기는 게 수행 작업이야.

① 철수   ② 민수
③ 철수, 영희   ④ 민수, 영희
⑤ 철수, 민수, 영희

[09~10] 다음 문제 상황을 보고 물음에 답하시오.

문제 상황 꿀벌은 꽃에서 꿀을 채집하여 벌집으로 돌아가 꿀을 만들기를 원한다. 지도에 있는 모든 꽃에서 꿀을 채집하여 꿀을 만들고 싶다. 꿀벌은 어떻게 해야 할까?

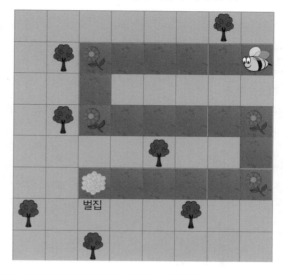

09 문제의 현재 상태 또는 목표 상태를 바르게 분석한 것은?

① 현재 상태는 현재 꿀벌이 있는 위치이다.
② 현재 상태는 꿀을 만들어야 한다는 것이다.
③ 현재 상태는 꿀벌이 벌집에 도착하는 것이다.
④ 목표 상태는 길을 따라 가는 것이다.
⑤ 목표 상태는 꽃에서 꿀을 채집하는 것이다.

10 다음 중 위의 문제를 해결하기 위해 필요한 수행 작업을 있는 대로 고른 것은?

㉠ 앞으로 가기	㉡ 왼쪽으로 돌기
㉢ 오른쪽으로 돌기	㉣ 뒤로 가기
㉤ 점프하기	㉥ 꿀 채집하기
㉦ 꿀 만들기	

① ㉠, ㉡, ㉢, ㉣, ㉤
② ㉠, ㉡, ㉢, ㉣, ㉥
③ ㉠, ㉡, ㉢, ㉥, ㉦
④ ㉠, ㉡, ㉤, ㉥, ㉦
⑤ ㉢, ㉣, ㉤, ㉥, ㉦

02 핵심 요소 추출

① 핵심 요소 추출이란 무엇일까

1. 핵심 요소

어떠한 상황이나 사물, 정보 등에서 반드시 필요로 하는 요소

예 문제 상황 01

지도상에서 집과 학교 사이의 거리를 구하기 위한 문제 상황에서의 핵심 요소

'집'이라는 의미

풀이 지도상에 나타난 집과 학교 사이의 거리를 구하기 때문에, 집의 구체적인 모양이나 특징과 관련한 정보는 필요 없이 그저 집이라는 의미만 중요하다. 따라서 문, 창문, 벽, 지붕 등의 요소들이 모두 불필요한 요소에 해당되며, '집'이라는 의미만 핵심 요소가 될 수 있음

예 문제 상황 02

건물 외부를 인테리어하기 위한 문제 상황에서의 핵심 요소

풀이 외부 인테리어를 하기 위해서는 건물을 이루는 모든 구성 요소가 핵심 요소가 될 수 있다. 따라서 문, 외벽, 창문, 지붕, 손잡이 등이 핵심 요소가 될 수 있으며, 그 외에 하늘에 떠 있는 구름이나 집 옆의 나무 등은 불필요한 요소가 됨

▲ 문제 상황에 따른 핵심 요소 추출의 예

Tip 요소
그 이상 더 간단하게 나눌 수 없는 성분

2. 핵심 요소 추출

문제 상황에서 제시되는 다양한 요소들 중 불필요한 요소를 제거하고 필요한 요소를 찾아내는 작업

❶ **장점**: 핵심 요소를 추출하면 문제 상황이 간결해지며, 문제를 더욱 쉽게 해결할 수 있음

❷ **핵심 요소 추출 시 유의점**: 같은 사물이나 정보라 하더라도 목표 상태와 문제 해결 과정에 따라 핵심 요소는 달라짐

Tip 핵심 요소 추출 과정
문제를 이루는 요소 찾기 → 핵심 요소를 추출하는 기준 선정하기 → 핵심 요소 추출하기 → 핵심 요소를 새롭게 재표현하기

하나 더 알기 | 픽토그램

그림(picture)과 전보(telegram)의 합성어인 픽토그램(pictogram)은 의미하는 내용을 보는 사람이 바로 이해할 수 있도록 단순화하면서도 의미를 명확하게 나타낸 그래픽 심벌을 말함

예

안전벨트

비상구

소화기

금연

급류 주의

안전화 착용

② 핵심 요소를 추출해 볼까

문제 상황 관리자가 없는 좁은 주차장에 많은 사람이 주차를 하러 들어왔다. 관리자가 없다 보니 주차를 아무렇게나 해 놓고 그냥 가 버리는 사람이 많았다. 이때, 빨간 차를 주차했던 주인은 출구가 꽉 막힌 주차장을 보고 차를 어떻게 빼야 할지 고민하고 있다. 다행히 주차된 차들은 밀 수 있게 브레이크를 잠그지는 않았지만 핸들이 고정되어 있어서 앞뒤로밖에 움직일 수 없다.

출구

1. 문제를 이루는 요소 찾기

문제 상황에 포함된 다양한 요소를 찾아내야 함

찾은 요소들

자동차의 색상, 자동차의 위치, 자동차의 모양, 출구의 위치, 자동차의 크기, 자동차의 종류, 빼야 할 자동차 등

2. 핵심 요소를 추출하는 기준 선정하기

❶ 문제 상황에서 찾아낸 요소 중 핵심 요소를 구분하기 위한 명확한 기준 정하기
❷ 목표 상태는 문제가 바르게 해결되었을 때를 예측하는 정보이며, 이를 활용하여 필요한 요소를 구분할 기준 정하기

목표 상태

빨간 차를 출구로 빼는 것이 목표 상태이므로 자동차의 상세한 정보보다 주차장 전체의 자동차 주차 상태를 알아내는 것이 중요함

3. 핵심 요소 추출하기

핵심 요소의 기준에 따라 문제 해결에 필요한 요소와 불필요한 요소를 구분하며, 이때 필요한 요소가 핵심 요소임

핵심 요소

자동차의 크기, 자동차의 위치, 빼야 할 자동차, 출구, 자동차의 방향

4. 핵심 요소 재표현하기

추출된 핵심 요소를 문제 해결에 적합하도록 새롭게 재표현하는 과정이 필요함

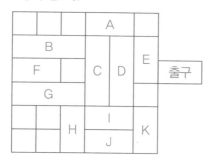

🔺 빼야 할 자동차: F

✅ **점검하기**

❶ ☐☐ ☐☐'는 어떤 상황이나 사물, 정보 등에서 반드시 필요로 하는 요소이다.

❷ ☐☐ ☐☐ ☐☐이란 문제 상황을 해결하기 위해 반드시 필요로 하는 요소를 찾아내는 작업이다.

❸ 핵심 요소 추출은 문제 상황에 포함된 다양한 ☐☐를 찾고 ☐☐ ☐☐를 구분하기 위한 ☐☐을 선정한다. 그리고 ☐☐에 따라 ☐☐ ☐☐를 추출하고 ☐☐한다.

| 정답 | ❶ 핵심 요소   ❷ 핵심 요소 추출   ❸ 요소, 핵심 요소, 기준, 기준, 핵심 요소, 표현

[01~03] 다음 문제 상황을 보고 물음에 답하시오.

> **문제 상황** 철수네 집은 최근 에어컨을 설치하였다. 하지만 에어컨을 계속 켜 두면 너무 추워지고 에어컨을 끄면 너무 더워져서, 심한 온도 차이를 겪는 바람에 감기에 걸리고 말았다. 여름철 집안의 온도를 항상 쾌적하게 유지하고 싶다. 어떻게 해야 좋을까?

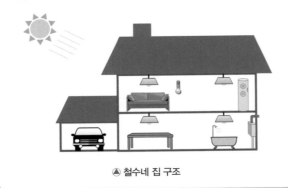

▲ 철수네 집 구조

01 문제 상황에서 알 수 있는 요소가 <u>아닌</u> 것은?

① 창문의 수
② 전등의 수
③ 지붕의 색
④ 차고의 위치
⑤ 에어컨 위치

02 문제 상황을 해결하기 위한 핵심 요소를 추출하기 위한 기준으로 적절한 것은?

① 집안에서 앉아 쉴 수 있는 곳을 찾아야 한다.
② 집안에 있는 물건들이 무엇인지 알 수 있어야 한다.
③ 집안의 구조를 잘 확인할 수 있는 정보를 찾아야 한다.
④ 외부 환경을 쾌적하게 만들 수 있는 정보를 찾아야 한다.
⑤ 여름에 집안 환경을 쾌적하게 만들 수 있는 정보를 찾아야 한다.

03 문제 상황을 해결하기 위한 핵심 요소로 가장 적절한 것은?

① 외부의 밝기
② 집안의 온도
③ 집안의 밝기
④ 차고의 크기
⑤ 보일러의 온도

04 어떤 문제를 해결하기 위해 핵심 요소를 추출하는 과정을 순서대로 바르게 나타낸 것은?

> **보기**
> ㉠ 문제 속 다양한 요소 찾기
> ㉡ 핵심 요소를 추출할 기준 정하기
> ㉢ 핵심 요소 추출하기
> ㉣ 핵심 요소를 재표현하기

① ㉠ - ㉡ - ㉢ - ㉣
② ㉠ - ㉢ - ㉡ - ㉣
③ ㉡ - ㉢ - ㉠ - ㉣
④ ㉡ - ㉣ - ㉠ - ㉢
⑤ ㉢ - ㉠ - ㉡ - ㉣

05 다음과 같은 미로를 통과하기 위해 **보기**에서 추출해 낸 핵심 요소로 적절한 것은?

> **보기**
> ㉠ 입구의 위치
> ㉡ 출구의 위치
> ㉢ 벽의 두께
> ㉣ 벽의 위치
> ㉤ 벽의 높이
> ㉥ 벽을 이루는 나무의 종류

① ㉠, ㉡, ㉢
② ㉠, ㉡, ㉣
③ ㉡, ㉢, ㉣
④ ㉡, ㉣, ㉤
⑤ ㉢, ㉣, ㉥

06 핵심 요소를 추출하여 표현한 사례로 볼 수 있는 것을 있는 대로 고른 것은?

보기
ㄱ. 비상 대피로   ㄴ. 정물화
ㄷ. 지하철 노선도   ㄹ. 지구본

① ㄱ, ㄴ   ② ㄱ, ㄷ
③ ㄱ, ㄷ, ㄹ   ④ ㄴ, ㄷ, ㄹ
⑤ ㄱ, ㄴ, ㄷ, ㄹ

07 보기 의 ㄱ~ㄷ에 들어갈 용어로 적절한 것은?

보기
(ㄱ)을/를 추출하기 위해서는 문제 상황에서 다양한 (ㄴ)을/를 찾아내고 (ㄷ)에 따라 불필요한 (ㄴ)와/과 필요한 (ㄴ)을/를 구분해 내는 과정이 필요하다.

	ㄱ	ㄴ	ㄷ
①	요소	핵심 요소	기준
②	요소	기준	핵심 요소
③	핵심 요소	기준	요소
④	핵심 요소	요소	기준
⑤	기준	요소	핵심 요소

08 핵심 요소 추출에 대한 설명으로 적절한 것은?

보기
ㄱ. 핵심 요소는 문제 상황에서 알 수 있는 모든 요소를 가리킨다.
ㄴ. 문제 상황에 따라 추출되는 핵심 요소는 다를 수 있다.
ㄷ. 핵심 요소를 추출하기 위해 특정한 기준은 필요하지 않다.
ㄹ. 추출된 핵심 요소를 재표현하면 문제 해결을 더욱 쉽게 할 수 있다.

① ㄱ, ㄴ   ② ㄱ, ㄷ
③ ㄴ, ㄷ   ④ ㄴ, ㄹ
⑤ ㄷ, ㄹ

09 문제 상황에서 알 수 있는 모든 요소들 중 불필요한 요소를 제거하고 문제 해결에 필요한 요소만 남기는 과정을 무엇이라 하는가?

① 정교화   ② 자동화
③ 프로그래밍   ④ 알고리즘 설계
⑤ 핵심 요소 추출

10 다음 문제 상황에서 핵심 요소를 있는 대로 고른 것은?

문제 상황 ○○학교에서 ㄱ체험 학습을 하기로 했다. 체험 학습을 진행하려면 활동에 참여하기 위한 ㄴ모둠을 만들어야 한다. ㄷ활동은 총 10가지가 있다. 또한 학교에서는 체험 활동을 하는 학생들에게 ㄹ간식을 나누어 주기로 하였다. 간식으로는 ㅁ초코과자 153개, ㅂ음료수 68개가 있다. 학생들끼리 모둠을 나누고, ㅅ모둠에 남는 간식 없이 초코과자와 음료수를 똑같이 나누어 주려고 한다. 학생들이 만들 수 있는 ◎모둠의 최대 수는 얼마일까?

① ㄱ, ㄴ, ㄷ, ㄹ   ② ㄱ, ㄴ, ㅅ, ◎
③ ㄷ, ㄹ, ㅁ, ㅂ   ④ ㄷ, ㄹ, ㅅ, ◎
⑤ ㅁ, ㅂ, ㅅ, ◎

11 다음은 여러 가지 종류의 커피를 만들기 위한 재료와 비율에 대한 내용을 그림으로 표현한 것이다. 이러한 과정과 관련이 깊은 문제 분석 활동으로 볼 수 있는 것은?

다양한 커피 만드는 방법

에스프레소 / 아메리카노 / 카페 라떼 / 카푸치노

① 문제 인식   ② 상태 분석
③ 문제의 분해   ④ 알고리즘 설계
⑤ 핵심 요소 추출

03 알고리즘의 이해와 표현

① 알고리즘이란 무엇일까

1. 알고리즘의 이해
❶ **알고리즘**: 주어진 문제를 해결하기 위한 절차와 방법을 순서대로 나열해 놓은 것
❷ **장점**: 알고리즘을 작성하면 문제 해결 과정에서 불필요한 작업을 줄일 수 있음

하나 더 알기 **알고리즘의 효율**

알고리즘의 최적성은 공간적인 효율과 시간적인 효율을 평가하여 판단할 수 있다.
❶ **공간적인 효율(공간 복잡도)**: 알고리즘을 실행하는 데 사용된 공간의 양
❷ **시간적인 효율(시간 복잡도)**: 알고리즘을 실행하는 데 걸리는 시간, 명령의 개수로 판단

---

2. 알고리즘의 요건

입력	필요한 자료를 외부에서 입력받을 수 있을 것 (단, 경우에 따라 입력은 없을 수 있음)
출력	알고리즘이 실행되면 적어도 한 가지 이상의 결괏값이 출력될 것
명확성	알고리즘의 각 단계, 즉 각 명령어는 무엇을 위한 것인지 분명할 것
수행 가능성	알고리즘의 각 명령어는 논리적으로 수행 가능할 것
유한성	알고리즘이 실행된 후에는 반드시 종료될 것

② 알고리즘은 어떤 구조를 가질까

1. 순차 구조
문제 해결을 위한 절차가 한 방향으로만 수행되는 구조

2. 선택 구조
문제 해결을 위한 절차가 특정 조건에 따라 서로 다르게 수행되는 구조

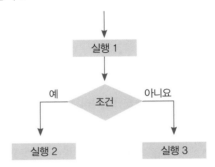

3. 반복 구조
문제 해결을 위한 절차가 주어진 조건의 만족 여부(참/거짓)에 따라 특정 범위를 반복 수행하는 구조

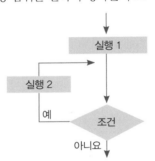

하나 더 알기 **알고리즘 설계 기법**

❶ **문제 해결 방안 찾기(시행착오법)**: 문제가 해결될 때까지 다양한 방법을 적용해 보는 것
　예 정리되지 않은 상자 속에서 원하는 물건 찾기
❷ **나누어 풀기**: 복잡하고 큰 문제 상황을 여러 개의 작은 문제로 나누어 해결하는 것
　예 도서관의 책을 주제별로 나누어 정리하기
❸ **규칙 찾기**: 문제 해결 과정에서 반복되는 규칙을 찾는 것
　예 1~100까지 정수의 합 구하기
❹ **거꾸로 생각하기**: 문제가 해결된 상태인 목표 상태에서 현재 상태로 거꾸로 생각해 보는 것
　예 미로 찾기

---

③ 알고리즘은 어떻게 표현할까

1. 자연어
일상적으로 사용하는 언어
❶ **장점:** 특별한 지식 없이 알고리즘으로 표현 가능
❷ **단점:** 모호한 표현으로 인해 의미 전달이 불명확할 때도 있음

2. 순서도
미리 약속된 기호를 사용하여 표현
❶ **장점:** 흐름을 명확하게 표현 가능
❷ **단점:** 순서도 기호의 의미를 알고 있어야 작성할 수 있으며, 복잡한 알고리즘의 경우 표현하기가 어려움

기호	이름	의미
⬭	단말	순서도의 시작과 끝을 표현
▭	처리	입력받은 데이터나 여러 가지 연산을 처리
◇	조건 / 판단	조건이 참이면 '예', 거짓이면 '아니요'를 수행
⬗	출력	처리 결과를 화면이나 종이에 출력
⟶	흐름선	명령의 흐름을 표시

3. 의사 코드
프로그래밍 언어를 흉내 내어 표현
❶ **장점:** 자연어보다 명확함
❷ **단점:** 의사 코드의 문법을 알아야 작성 가능

하나 더 알기 N–S 도표

논리적 흐름을 기술하는 데 중점을 둔 도형식 표현 방법
• 순차 구조

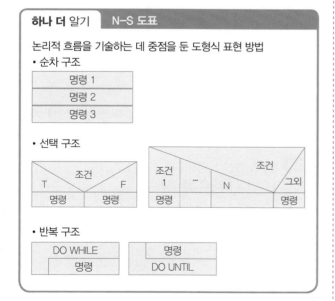

• 선택 구조

• 반복 구조

✅ **점검하기**

❶ ☐☐☐☐은 주어진 문제를 해결하기 위한 절차와 방법을 순서대로 나열한 것이다.

❷ 알고리즘은 ☐☐, ☐☐, ☐☐☐, ☐☐☐, ☐☐☐ ☐☐의 5가지 요건을 만족해야 한다.

❸ 알고리즘의 구조에는 절차가 순서대로 수행되는 ☐☐ 구조, 주어진 조건에 따라 서로 다른 명령이 수행되는 ☐☐ 구조, 주어진 조건에 따라 특정 범위의 명령을 반복할 수 있는 ☐☐ 구조가 있다.

❹ ☐☐☐는 우리가 일상에서 사용하는 언어로 알고리즘을 표현하는 방법이다.

❺ ☐☐☐는 약속된 기호를 사용하여 알고리즘의 흐름을 명확하게 표현할 수 있다.

❻ ☐☐ ☐☐는 프로그래밍 언어를 흉내 내어 표현하는 알고리즘 표현 방법 중 하나이다.

| 정답 | ❶ 알고리즘 ❷ 입력, 출력, 명확성, 유한성, 수행 가능성
❸ 순차, 선택, 반복 ❹ 자연어 ❺ 순서도 ❻ 의사 코드

01 다음 ㉠에 들어갈 용어로 옳은 것은?

(㉠)이란 어떤 문제를 해결하기 위한 정확한 방법과 순서를 의미한다.

① 순서도
② 프로그램
③ 알고리즘
④ 의사 코드
⑤ 프로그래밍

02 다음 중 알고리즘이 갖추어야 할 조건에 해당하지 않는 것은?

① 입력
② 출력
③ 명확성
④ 무한성
⑤ 수행 가능성

03 다음 중 알고리즘이 갖추어야 할 요건을 잘못 설명한 것은?

① 유한성: 알고리즘은 반드시 종료되어야 한다.
② 출력: 반드시 0개 이상의 결과가 나와야 한다.
③ 입력: 필요한 자료를 입력받을 수 있어야 한다.
④ 수행 가능성: 알고리즘의 각 명령들은 수행이 가능해야 한다.
⑤ 명확성: 명령이나 연산자들은 내용이 모호하지 않고 명확해야 한다.

04 보기 의 내용이 만족하지 못하는 알고리즘 조건은 무엇인가?

보기

세상에서 가장 맛있는 라면 끓이는 방법

물을 적당히 넣는다.
물이 끓으면 면을 넣고 스프의 양을 적절히 조절한다.
약간 더 끓여 그릇에 담아 먹는다.

① 입력
② 출력
③ 명확성
④ 유한성
⑤ 수행 가능성

05 보기 의 내용이 만족하지 못하는 알고리즘 조건은 무엇인가?

보기

쾌적한 온도 만들기

만약 추우면 온풍기를 틀어 따뜻하게 만든다.
만약 더우면 에어컨을 틀어 시원하게 만든다.

① 입력
② 출력
③ 명확성
④ 유한성
⑤ 수행 가능성

06 보기 의 내용이 알고리즘이 될 수 없는 이유를 바르게 설명한 것은?

보기

1. 합과 더해질 값을 0으로 정한다.
2. 만약 더해질 값이 10보다 작거나 같으면
   2-1. 합을 더해질 값만큼 증가시킨다.
   2-2. 그리고 더해질 값을 1 증가시킨다.

① 서윤: 입력 값이 없어서 알고리즘이 아니야!
② 수린: 출력 값이 없어서 알고리즘이 될 수 없어!
③ 상우: 명령이 명확하지 않아!
④ 윤재: 명령이 끝나지 않는 것 같은데?
⑤ 석영: 저건 수행할 수 없는 것들이야!

07 다음 구조는 어떤 형태에 속하는가?

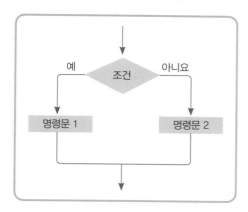

① 교차 구조
② 직선 구조
③ 표준 구조
④ 선택 구조
⑤ 반복 구조

08 보기 의 ㉠~㉡에 들어갈 용어를 바르게 고른 것은?

> **보기**
>
> 수학시간에 선생님이 1에서부터 100까지 정수 중에서 짝수의 합을 구해 보라고 하셨다. 반 친구 모두 연습장에 일일이 숫자를 적으며 합을 구하는데 철이는 이 문제를 컴퓨터로 계산해 보고 싶었다.
> 어떻게 문제를 풀까 고민하던 중, 1에서 100까지 숫자 중 짝수만 골라 더하는 프로그램을 짜기 위해 짝수를 판단하기 위한 (㉠)와 숫자를 1~100까지 1씩 증가시키며 (㉡)를 쓰기로 하였다.

	㉠	㉡
①	순차 구조	반복 구조
②	순차 구조	선택 구조
③	반복 구조	선택 구조
④	반복 구조	순차 구조
⑤	선택 구조	반복 구조

09 다음 순서도 기호에 들어갈 수 있는 명령으로 적절하지 **않은** 것은?

① a값이 0인가?
② b >= 3
③ a와 b의 값이 서로 다른가?
④ 비가 오는가?
⑤ 당신의 이름은?

10 알고리즘을 자연어로 표현하였을 때 <u>단점</u>으로 볼 수 있는 것은?

① 특별한 기호를 사용해야 한다.
② 프로그래밍 언어로 바꾸기 쉽다.
③ 흐름을 더욱 명확하게 알 수 있다.
④ 특별한 지식 없이 사용이 가능하다.
⑤ 표현한 알고리즘을 사람마다 다양하게 이해할 수 있다.

11 다음에서 설명하는 알고리즘의 조건은?

> 컴퓨터는 빠른 처리 능력을 바탕으로 문제를 빠르게 해결해 주는데, 문제가 해결되면 반드시 하나 이상의 결과가 나타나 사용자가 문제 처리 결과를 알 수 있어야 한다.

① 입력
② 출력
③ 명확성
④ 유한성
⑤ 수행 가능성

12 다음 그림 퍼즐 맞추기 알고리즘에 대한 설명으로 가장 타당한 것은?

그림 퍼즐 맞추기

1. 가장자리의 퍼즐을 먼저 맞춘다.	2. 가장자리와 맞닿은 부분을 맞춘다.	3. 안쪽을 맞춘다.

① 명확하지 않은 명령이 존재한다.
② 알고리즘의 유한성을 만족하지 않는다.
③ 알고리즘이 반복 구조로만 표현되어 있다.
④ 순서도를 사용하여 알고리즘을 표현하였다.
⑤ 복잡한 문제를 해결하기 위해 문제를 나누어서 알고리즘을 만들었다.

04 프로그래밍

① 프로그램과 프로그래밍 언어를 알아볼까

1. 프로그램과 프로그래밍 언어

❶ **프로그램(program):** 컴퓨팅 시스템으로 주어진 문제를 올바르게 해결할 수 있도록 순서와 방법을 차례대로 작성한 명령어의 모임

❷ **프로그래밍 언어(programming language):** 컴퓨팅 시스템을 구동시키는 프로그램을 작성할 때 사용하는 언어, 고급 언어일수록 인간이 사용하는 언어에 가까움

❸ **프로그래밍(programming):** 문제를 해결하기 위해 알고리즘을 특정 프로그래밍 언어를 이용하여 프로그램으로 작성하는 과정

❹ **프로그래머(programmer):** 프로그래밍 언어를 사용하여 프로그램을 개발하는 사람

Tip 컴퓨팅 시스템
실생활의 문제를 효율적으로 해결하기 위해 컴퓨터의 하드웨어와 소프트웨어로 이루어진 시스템

Tip 하드웨어
컴퓨팅 시스템을 구성하는 물리적인 기계 장치로, 컴퓨터의 본체, 모니터, 프린터, 마우스 등이 있음

2. 요리사와 프로그래머의 비교

🔺 프로그래머가 프로그램을 완성하는 과정과 요리사가 요리를 완성하는 과정을 비교

Tip 프로그램 업데이트
프로그램이 개발된 이후에도 여러 가지 문제 상황이 발생한다. 이렇게 예상치 못한 문제가 발생하면 상황에 따라 수정·보완이 필요한 경우가 발생하는데, 이때 문제점을 수정·보완하여 사용자에게 제공하는 것을 업데이트(update)라고 함

Tip 소프트웨어
프로그램과 그와 관련된 문서들을 총칭하는 용어로 하드웨어와 대응되는 개념이다. 운영 체제와 같은 시스템 소프트웨어와 특정 목적을 위해 만들어진 응용 소프트웨어로 나눌 수 있음

3. 프로그래밍 언어의 종류와 특징

❶ **블록 기반 프로그래밍 언어**
- 블록 쌓기처럼 명령어 블록을 쌓아서 프로그래밍하여 프로그램을 만들며, 종류에는 엔트리와 스크래치 등이 있음
- 엔트리: HTML과 자바 스크립트를 기반으로 만든 블록 기반 언어로 교육용 프로그래밍 언어 플랫폼
- 스크래치: 플래시 기반으로 만든 블록 기반 언어로 교육용 프로그래밍 언어 플랫폼

Tip 엔트리 https://playentry.org, 스크래치 https://scratch.mit.edu

❷ **텍스트 기반 프로그래밍 언어**
- 텍스트 형태의 명령어를 문법에 맞게 작성하여 프로그램을 작성하며, 종류에는 C, 파이선, 자바 등이 있음
- 유닉스 운영 체제에서 사용하기 위해 개발한 프로그래밍 언어로, 거의 모든 운영 체제의 커널이 C로 만들어짐
- C: 벨 연구소에서 1971년에 리치(D.M.Ritchie) 등에 의해 개발된 시스템 프로그래밍 언어로, 프로그램을 간결하게 쓸 수 있고 프로그래밍하기 쉬운 편리한 언어임
- 파이선: 플랫폼이 독립적이며 인터프리터, 객체 지향,

동적 타이밍 대화형 언어로, 라이브러리가 풍부하여 다양한 곳에서 이용됨
- 자바(Java): 객체 지향 프로그래밍 언어로 웹 애플리케이션 개발에 많이 사용되는 언어 중 하나

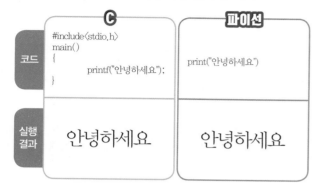

4. 저급 언어와 고급 언어

❶ **저급 언어(low-level language):** 인간이 이해하기는 어렵지만 컴퓨터가 이해하기 쉽게 작성된 언어로 기계 중심의 언어, 저급 언어의 종류에는 기계어와 어셈블리어 등이 있음

❷ **고급 언어(high-level language):** 인간이 이해하기 쉽지만 컴퓨터가 바로 이해하기 어려워 중간에 기계어로 번역해 주는 작업이 필요한 언어로, 종류에는 C/C++, 자바, 파이선, 엔트리, 스크래치 등이 있음

Tip 기계어
CPU가 직접 해독하고 실행할 수 있으며, 0과 1의 2진수로 쓰인 언어. 0과 1로 명령어가 구성되어 있기 때문에 사람들이 이해하기 어려움

Tip 어셈블리어
기계어와 1대 1 대응시켜 사람이 이해하기 쉬운 기호로 나타낸 프로그래밍 언어

하나 더 알기　**통합 개발 환경**

프로그래밍, 디버깅, 컴파일, 배포 등 프로그램 개발에 관련된 모든 작업을 하나의 프로그램 안에서 처리하는 환경

✅ 점검하기

❶ 문제를 해결하기 위해 작성된 명령어의 집합을 ☐☐☐☐이라 한다.
❷ 프로그램을 작성하는 과정을 ☐☐☐☐☐이라 한다.
❸ 프로그래밍 과정에서 사용하는 언어를 ☐☐☐☐☐☐ ☐☐라고 한다.
❹ 프로그램을 만드는 사람을 ☐☐☐☐☐라고 한다.
❺ 블록 쌓기처럼 명령어 블록을 쌓아서 프로그램을 작성하는 언어를 ☐☐ 기반 프로그래밍 언어라고 한다. 종류에는 ☐☐☐, ☐☐☐☐ 등이 있다.
❻ 텍스트 형태의 명령어를 문법에 맞게 프로그램을 작성하는 언어를 ☐☐☐ 기반 프로그래밍 언어라고 한다. 종류에는 ☐, ☐☐☐ 등이 있다.
❼ 프로그래밍, 디버깅, 컴파일, 배포 등 프로그램 개발에 관련된 모든 작업을 하나의 프로그램 안에서 처리하는 환경을 ☐☐ ☐☐ ☐☐이라 한다.

| 정답 | ❶ 프로그램　❷ 프로그래밍　❸ 프로그래밍 언어　❹ 프로그래머　❺ 블록, 엔트리, 스크래치　❻ 텍스트, C, 파이선　❼ 통합 개발 환경

MEMO

중단원 핵심 문제

 문제

01 보기 의 ㉠에 들어갈 말로 옳은 것은?

> **보기**
>
> 컴퓨터를 이용하여 문제를 해결하려면 작성한 알고리즘을 컴퓨터가 이해할 수 있는 명령어로 다시 표현해야 한다. 이렇게 만들어진 명령어의 집합을 (㉠)(이)라고 한다.

① 프로그램
② 업데이트
③ 프로그래밍
④ 프로그래머
⑤ 프로그래밍 언어

02 보기 의 ㉠, ㉡에 들어갈 말로 옳은 것은?

> **보기**
>
> 프로그램을 작성하는 과정을 (㉠)(이)라 하며, (㉠) 과정에서 사용되는 언어를 (㉡)(이)라고 한다.

	㉠	㉡
①	프로그래머	프로그래밍
②	프로그래밍	프로그래머
③	프로그래밍	프로그래밍 언어
④	프로그래밍 언어	프로그래머
⑤	프로그래밍 언어	프로그래밍

03 보기 에서 블록 기반 프로그래밍 언어를 있는 대로 고른 것은?

> **보기**
>
> ㉠ C ㉡ 스크래치 ㉢ 엔트리
> ㉣ 자바 ㉤ 파이선

① ㉠, ㉤
② ㉡, ㉢
③ ㉠, ㉣, ㉤
④ ㉡, ㉢, ㉣
⑤ ㉠, ㉡, ㉢, ㉣, ㉤

04 다음은 프로그램의 일부이다. '등교하기' 신호를 보낼 때, 오브젝트의 행동으로 옳은 것은?

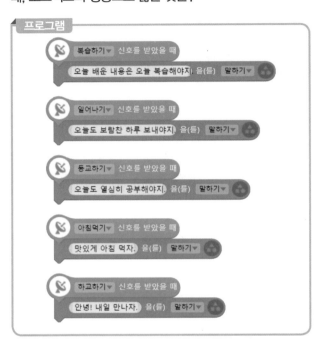

① "맛있게 아침 먹자."를 말한다.
② "안녕! 내일 만나자."를 말한다.
③ "오늘도 열심히 공부해야지."를 말한다.
④ "오늘도 보람찬 하루 보내야지."를 말한다.
⑤ "오늘 배운 내용은 오늘 복습해야지."를 말한다.

05 다음 오브젝트의 X좌표와 Y좌표로 옳은 것은?

	X좌표	Y좌표		X좌표	Y좌표
①	−70	110	②	70	110
③	−110	70	④	110	−70
⑤	110	70			

06 보기 에서 설명하는 것은?

> **보기**
> 엔트리의 블록 꾸러미 중에서 오브젝트의 색상, 크기, 모양 등 외형과 관련된 블록들이 모여 있다.

① 흐름 ② 계산
③ 판단 ④ 생김새
⑤ 움직임

07 엔트리의 블록 꾸러미 중에서 보기 에 있는 명령어 블록들이 모여 있는 곳은 어디인가?

> **보기**
>

① 붓 ② 시작
③ 소리 ④ 자료
⑤ 움직임

08 보기 에서 설명하는 것은?

> **보기**
> 엔트리에서 명령어를 통해 움직일 수 있는 캐릭터를 말한다.

① 휴지통 ② 오브젝트
③ 실행 화면 ④ 블록 조립소
⑤ 블록 꾸러미

09 보기 에서 설명하는 것은?

> **보기**
> 엔트리에서 프로그램을 작성할 때 사용하는 명령어들이 블록으로 구성되어 있다. 원하는 명령어 블록을 찾을 때는 같은 색의 블록을 선택하면 쉽게 찾을 수 있다.

① 엔트리 ② 실행 화면
③ 블록 조립소 ④ 블록 꾸러미
⑤ 오브젝트 목록

10 다음은 프로그램의 일부이다. 각 신호에 따른 행동을 서술하시오.

> **프로그램**
>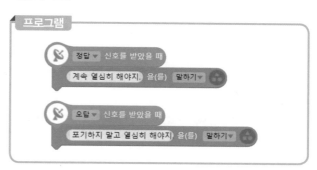

1) 정답 신호: _____

2) 오답 신호: _____

11 다음 중 프로그램을 시작하기 위해 클릭해야 하는 부분은 어디인가?

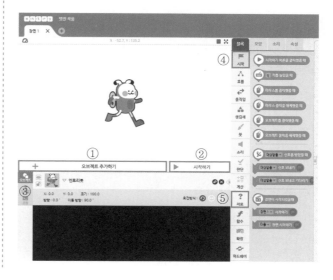

 스크래치 문제

01 보기의 ㉠에 들어갈 말로 옳은 것은?

> **보기**
>
> 컴퓨터를 이용하여 문제를 해결하려면 작성한 알고리즘을 컴퓨터가 이해할 수 있는 명령어로 다시 표현해야 한다. 이렇게 만들어진 명령어의 집합을 (㉠)(이)라고 한다.

① 프로그램   ② 업데이트
③ 프로그래밍   ④ 프로그래머
⑤ 프로그래밍 언어

02 보기의 ㉠, ㉡에 들어갈 말로 옳은 것은?

> **보기**
>
> 프로그램을 작성하는 과정을 (㉠)(이)라 하며, (㉠) 과정에서 사용되는 언어를 (㉡)(이)라고 한다.

	㉠	㉡
①	프로그래머	프로그래밍
②	프로그래밍	프로그래머
③	프로그래밍	프로그래밍 언어
④	프로그래밍 언어	프로그래머
⑤	프로그래밍 언어	프로그래밍

03 보기에서 블록 기반 프로그래밍 언어를 있는 대로 고른 것은?

> **보기**
>
> ㉠ C   ㉡ 스크래치   ㉢ 엔트리
> ㉣ 자바   ㉤ 파이선

① ㉠, ㉤
② ㉡, ㉢
③ ㉠, ㉣, ㉤
④ ㉡, ㉢, ㉣
⑤ ㉠, ㉡, ㉢, ㉣, ㉤

04 다음은 프로그램의 일부이다. '등교하기'를 방송할 때, 스프라이트의 행동으로 옳은 것은?

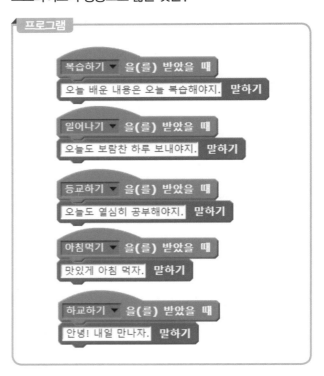

① "맛있게 아침 먹자."를 말한다.
② "안녕! 내일 만나자."를 말한다.
③ "오늘도 열심히 공부해야지."를 말한다.
④ "오늘도 보람찬 하루 보내야지."를 말한다.
⑤ "오늘 배운 내용은 오늘 복습해야지."를 말한다.

05 다음 스프라이트의 x좌표와 y좌표로 옳은 것은?

	X좌표	Y좌표		X좌표	Y좌표
①	−70	110	②	70	110
③	−110	70	④	110	−70
⑤	110	70			

06 보기 에서 설명하는 것은?

> **보기**
>
> 스크래치의 블록 팔레트 중에서 스프라이트의 색상, 크기, 모양 등 외형과 관련된 블록들이 있다.

① 제어   ② 동작
③ 형태   ④ 연산
⑤ 감지

07 스크래치의 블록 팔레트 중에서 보기 에 있는 명령어 블록들이 모여 있는 곳은 어디인가?

> **보기**
>
>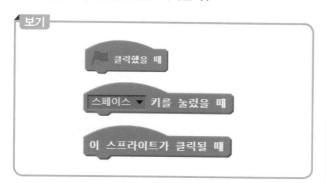

① 펜   ② 동작
③ 소리   ④ 데이터
⑤ 이벤트

08 보기 에서 설명하는 것은?

> **보기**
>
> 스크래치에서 명령어를 통해 움직일 수 있는 캐릭터를 말한다.

① 배경   ② 무대
③ 스프라이트   ④ 블록 팔레트
⑤ 스크립트 영역

09 보기 에서 설명하는 것은?

> **보기**
>
> 스크래치에서 프로그램을 작성할 때 사용하는 명령어들이 블록으로 구성되어 있다. 원하는 명령어 블록을 찾을 때는 같은 색의 블록을 선택하면 쉽게 찾을 수 있다.

① 무대   ② 스크래치
③ 블록 팔레트   ④ 스크립트 영역
⑤ 스프라이트 목록

10 다음은 프로그램의 일부이다. 각 메시지에 따른 스프라이트의 행동을 서술하시오.

> **프로그램**
>
>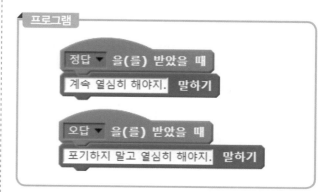

1) 정답 신호: _____

2) 오답 신호: _____

11 다음 중 프로그램을 시작하기 위해서 클릭해야 하는 부분은 어디인가?

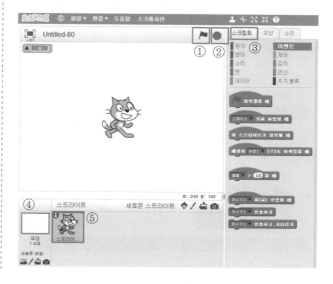

05 자료의 입력과 출력

① 자료의 입력과 출력을 알아볼까

1. 입력과 출력

❶ **입력:** 문제 해결에 필요한 자료를 입력 장치를 통해 입력

❷ **출력:** 자료를 처리한 결과를 사람이 보고 느낄 수 있는
방법으로 출력 장치를 통해 변환하여 출력

Tip 입력 장치의 종류
① 키보드
② 마우스
③ 조이스틱
④ 터치스크린

Tip 출력 장치의 종류
① 모니터
② 프린터
③ 스피커

2. q 키 입력에 따른 x의 좌표 변화

❶ 엔트리

❷ 스크래치

입력 전 스프라이트의 위치

출력 후 스프라이트의 위치

3. 오브젝트 클릭에 따른 출력

❶ 엔트리

❷ 스크래치

4. 다양한 입력 방법

❶ 엔트리

- 시작하기 버튼 클릭을 통한 입력

- 키보드를 통한 입력

- 마우스를 통한 입력

❷ 스크래치

- 녹색 깃발 클릭을 통한 입력

- 키보드를 통한 입력

- 마우스를 통한 입력

② 자료의 처리를 알아볼까

1. 프로그램의 입력, 처리, 출력 과정

❶ 엔트리

❷ 스크래치

풀이 작성한 프로그램의 입력, 처리, 출력 과정 살펴보기

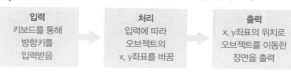

2. 엔트리와 스크래치의 좌표

❶ 엔트리

실행 화면은 x좌표와 y좌표로 위치를 표시할 수 있으며, x축의 범위는 −240~240이고, y좌표의 범위는 −140~140임

❷ 스크래치

무대는 x좌표와 y좌표로 위치를 표시할 수 있으며, x축의 범위는 −240~240이고, y좌표의 범위는 −180~180임

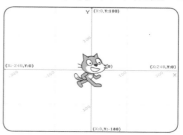

✅ 점검하기

❶ 키보드와 같은 ☐☐ 장치를 통해 자료를 ☐☐받아 처리한 후, 모니터와 스피커 등과 같은 ☐☐ 장치를 통해 결과를 ☐☐할 수 있다.

❷ 엔트리와 스크래치는 ☐☐☐, ☐☐☐ 등의 입력 장치를 통해 자료를 입력받을 수 있다.

❸ 엔트리는 ☐☐☐☐의 ☐☐, ☐☐☐☐의 ☐☐, ☐ ☐☐, ☐☐ 등을 통해 출력할 수 있다.

❹ 엔트리와 스크래치에서는 다양한 ☐☐☐ ☐☐을 이용하여 원하는 결과가 나올 수 있게 프로그래밍할 수 있다.

| 정답 | ❶ 입력, 입력, 출력, 출력　❷ 키보드, 마우스　❸ 오브젝트(의) 이동, 오브젝트(의) 모양, 말풍선, 소리　❹ 명령어 블록

01 다음 프로그램을 실행하고 q 키와 w 키를 차례대로 눌렀을 때 엔트리의 최종 위치 좌표로 옳은 것은?

프로그램

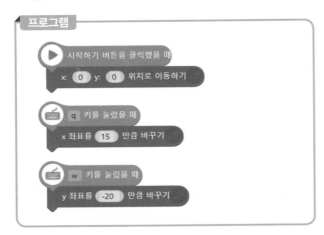

	x좌표	y좌표
①	−15	−20
②	−15	20
③	15	−20
④	15	20
⑤	−20	15

02 다음 프로그램을 실행하고 다양한 방법으로 입력하면 오브젝트는 "안녕"을 출력한다. 다음 중 "안녕"을 출력하지 <u>않는</u> 입력은 어느 것인가?

프로그램

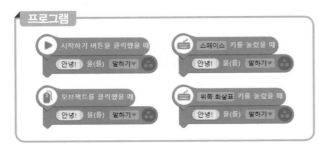

① 엔터 키를 눌렀을 때
② 오브젝트를 클릭했을 때
③ 스페이스 키를 눌렀을 때
④ 위쪽 화살표 키를 눌렀을 때
⑤ 시작하기 버튼을 클릭했을 때

03 다음 프로그램에 따라 오브젝트를 화면과 같이 출력하기 위해 입력해야 하는 것을 있는 대로 고른 것은?

프로그램

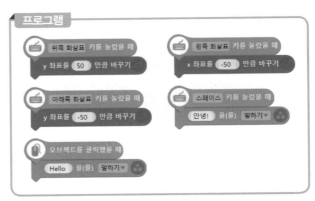

오브젝트

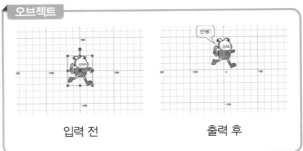

입력 전   출력 후

보기
㉠ 오브젝트 클릭
㉡ 스페이스 키 입력
㉢ 위쪽 화살표 키 입력
㉣ 왼쪽 화살표 키 입력
㉤ 아래쪽 화살표 키 입력

① ㉠, ㉡   ② ㉡, ㉢
③ ㉢, ㉣   ④ ㉢, ㉣, ㉤
⑤ ㉠, ㉣, ㉤

04 다음 프로그램을 실행하면 오브젝트는 다양한 위치로 이동한다. 이동하는 위치를 순서대로 나열한 것으로 옳은 것은?

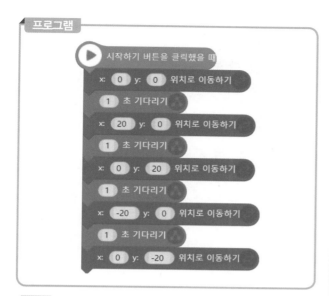

㉠ (0, 0) ㉡ (20, 0)
㉢ (−20, 0) ㉣ (0, 20)
㉤ (0, −20) ※ (x좌표, y좌표)로 나타냄

① ㉠ → ㉡ → ㉢ → ㉣ → ㉤
② ㉠ → ㉢ → ㉡ → ㉣ → ㉤
③ ㉠ → ㉣ → ㉤ → ㉡ → ㉢
④ ㉠ → ㉤ → ㉡ → ㉢ → ㉣
⑤ ㉠ → ㉡ → ㉣ → ㉢ → ㉤

05 다음과 같이 오브젝트를 움직이려고 한다. 빈칸에 들어갈 내용으로 옳은 것은?

오브젝트

실행 전 출력 후

오브젝트의 모양

엔트리봇_걷기1 엔트리봇_걷기2

프로그램

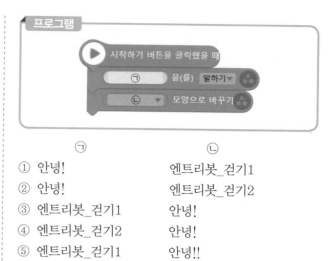

          ㉠   ㉡
① 안녕! 엔트리봇_걷기1
② 안녕! 엔트리봇_걷기2
③ 엔트리봇_걷기1 안녕!
④ 엔트리봇_걷기2 안녕!
⑤ 엔트리봇_걷기1 안녕!!

06 다음과 같이 연필 오브젝트가 움직이면서 그림을 그리려고 한다. ㉠에 들어갈 값으로 옳은 것은?

오브젝트

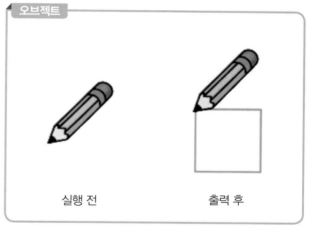

실행 전 출력 후

프로그램

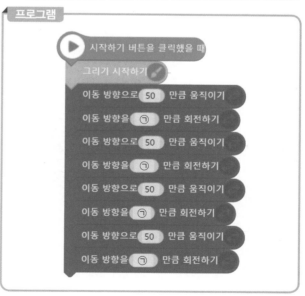

① 30° ② 45° ③ 72°
④ 90° ⑤ 120°

07 방향키의 입력에 따라 오브젝트를 움직이려고 한다. 다음 프로그램에서 각각 결합할 명령어 블록을 보기 에서 찾아 바르게 연결한 것은?

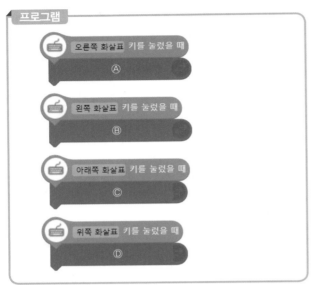

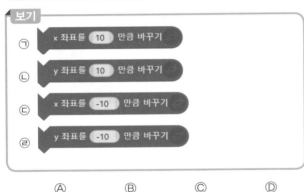

	Ⓐ	Ⓑ	Ⓒ	Ⓓ
①	㉠	㉡	㉢	㉣
②	㉠	㉢	㉡	㉣
③	㉠	㉢	㉣	㉡
④	㉢	㉠	㉣	㉡
⑤	㉣	㉢	㉡	㉠

08 오브젝트를 클릭할 때마다 강아지가 짖는 소리를 재생하는 프로그램을 작성하려고 한다. 보기 에서 필요한 명령어를 골라 결합하는 순서대로 나열된 것은?

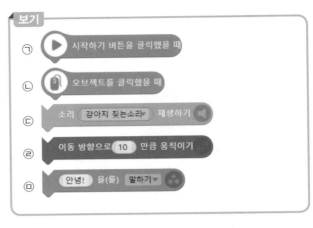

① ㉠ + ㉢   ② ㉠ + ㉣   ③ ㉠ + ㉤
④ ㉡ + ㉢   ⑤ ㉡ + ㉤

09 보기 에서 마우스를 통한 입력과 관련된 명령어 블록을 있는 대로 고른 것은?

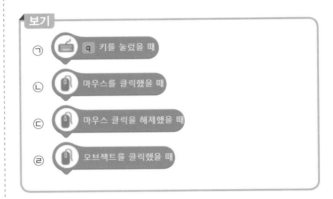

① ㉠, ㉡   ② ㉡, ㉢
③ ㉢, ㉣   ④ ㉡, ㉢, ㉣
⑤ ㉠, ㉡, ㉢, ㉣

10 다음 프로그램을 실행하였을 때, 오브젝트가 하는 동작으로 옳은 것은?

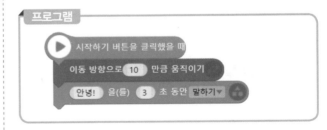

① 이동하지 않고 말하지 않는다.
② 이동하지 않고 "안녕!"을 3초 동안 말한다.
③ 이동 방향으로 10만큼 이동하고 말하지 않는다.
④ 이동 방향으로 10만큼 이동하고 "안녕!"을 3초 동안 말한다.
⑤ 이동 방향으로 3만큼 이동하고 "안녕!"을 10초 동안 말한다.

11 프로그램을 실행하고 키보드를 통해 "프로그래밍"을 입력하였을 때 출력되는 내용은 무엇인가?

① 프로그래밍
② 취미는 대답이군요.
③ 취미는 프로그래밍이군요.
④ 취미는 과(와) 대답를 합치기과(와) 이군요.를 합치기
⑤ 취미는 과(와) 프로그램를 합치기과(와) 이군요.를 합치기

12 프로그램을 실행한 후 ⒜, ⒝, ⒞, ⒟ 키를 차례대로 입력했을 때 오브젝트의 x, y좌표의 값으로 옳은 것은?

① (0, 0)　　　② (1, 1)　　　③ (1, −1)
④ (−1, 1)　　　⑤ (−1, −1)

13 보기 에서 엔트리에서 할 수 있는 출력을 있는 대로 고른 것은?

보기
㉠ 소리　　　　　㉡ 말풍선
㉢ 오브젝트의 이동　㉣ 오브젝트의 모양

① ㉠, ㉡　　　② ㉡, ㉢　　　③ ㉢, ㉣
④ ㉡, ㉢, ㉣　　⑤ ㉠, ㉡, ㉢, ㉣

14 프로그램을 실행한 후 전구가 깜박이는(꺼짐/켜짐) 횟수로 옳은 것은?

전구_흑백　　　　　전구_정답

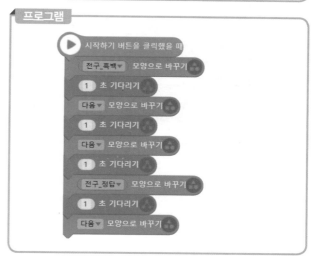

① 1회　　　② 2회　　　③ 3회
④ 4회　　　⑤ 5회

15 다음 프로그램에서 입력에 따른 오브젝트의 행동을 서술하시오.

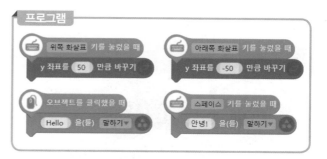

1) 오브젝트를 클릭하면: ＿＿＿＿＿＿＿＿＿

2) 스페이스 키를 누르면: ＿＿＿＿＿＿＿＿＿

3) 위쪽 화살표 키를 누르면: ＿＿＿＿＿＿＿＿＿

4) 아래쪽 화살표 키를 누르면: ＿＿＿＿＿＿＿＿＿

01 다음 프로그램을 실행하고 [q] 키와 [w] 키를 차례대로 눌렀을 때 스프라이트의 최종 위치 좌표로 옳은 것은?

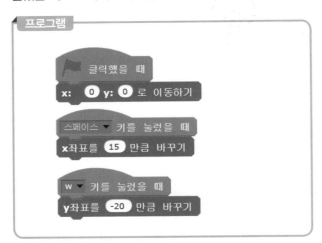

	x좌표	y좌표
①	−15	−20
②	−15	20
③	15	−20
④	15	20
⑤	−20	15

02 다음 프로그램을 실행하고 다양한 방법으로 입력하면 스프라이트는 "안녕"을 출력한다. 다음 중 "안녕"을 출력하지 <u>않는</u> 입력은 어느 것인가?

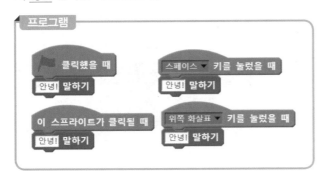

① 엔터 키를 눌렀을 때
② 🚩 버튼을 클릭할 때
③ 스프라이트를 클릭할 때
④ 스페이스 키를 눌렀을 때
⑤ 위쪽 화살표 키를 눌렀을 때

03 다음 프로그램을 실행하고, 스프라이트를 화면과 같이 출력시키기 위해 입력해야 하는 것을 있는 대로 고른 것은?

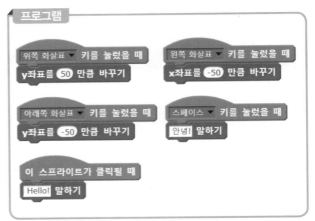

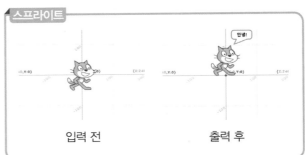

입력 전	출력 후

보기

㉠ 스프라이트 클릭
㉡ 스페이스 키 입력
㉢ 위쪽 화살표 키 입력
㉣ 왼쪽 화살표 키 입력
㉤ 아래쪽 화살표 키 입력

① ㉠, ㉡
② ㉡, ㉢
③ ㉢, ㉣
④ ㉢, ㉣, ㉤
⑤ ㉠, ㉣, ㉤

04 다음 프로그램을 실행하면 스프라이트는 다양한 위치로 이동한다. 이동하는 위치를 순서대로 나열한 것으로 옳은 것은?

① (0, 0)   ⓒ (20, 0)
ⓒ (−20, 0)   ⓔ (0, 20)
ⓜ (0, −20)   ※ (x좌표, y좌표)로 나타냄

① ㉠ → ㉡ → ㉢ → ㉣ → ㉤
② ㉠ → ㉢ → ㉡ → ㉣ → ㉤
③ ㉠ → ㉣ → ㉤ → ㉡ → ㉢
④ ㉠ → ㉤ → ㉡ → ㉢ → ㉣
⑤ ㉠ → ㉡ → ㉣ → ㉢ → ㉤

05 다음과 같이 스프라이트를 움직이려고 한다. 빈칸에 들어갈 내용으로 옳은 것은?

프로그램

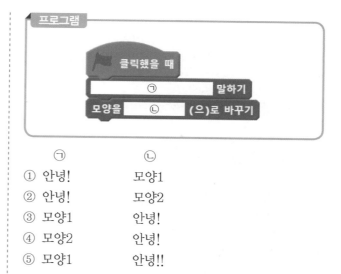

	㉠	㉡
①	안녕!	모양1
②	안녕!	모양2
③	모양1	안녕!
④	모양2	안녕!
⑤	모양1	안녕!!

06 다음과 같이 연필 스프라이트가 움직이면서 그림을 그리려고 한다. ㉠에 들어갈 값으로 옳은 것은?

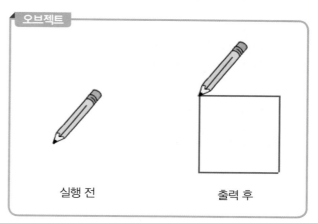

① 30   ② 45   ③ 72
④ 90   ⑤ 120

07 방향키의 입력에 따라 스프라이트를 움직이려고 한다. 다음 프로그램에서 각각 결합할 명령어 블록을 보기에서 찾아 바르게 연결한 것은?

	Ⓐ	Ⓑ	Ⓒ	Ⓓ
①	㉠	㉡	㉢	㉣
②	㉠	㉢	㉡	㉣
③	㉠	㉢	㉣	㉡
④	㉢	㉠	㉣	㉡
⑤	㉣	㉢	㉡	㉠

08 스프라이트를 클릭할 때마다 dog1 소리를 재생하는 프로그램을 작성하려고 한다. 보기에서 필요한 명령어를 골라 결합하는 순서대로 나열된 것은?

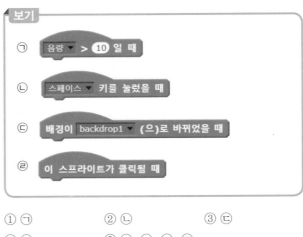

① ㉠ + ㉢　　　② ㉠ + ㉣　　　③ ㉠ + ㉤
④ ㉡ + ㉢　　　⑤ ㉡ + ㉤

09 보기에서 마우스를 통한 입력과 관련된 명령어 블록을 있는 대로 고른 것은?

① ㉠　　　② ㉡　　　③ ㉢
④ ㉣　　　⑤ ㉠, ㉡, ㉢, ㉣

10 다음 프로그램을 실행하였을 때, 스프라이트가 하는 동작으로 옳은 것은?

① 이동하지 않고 말하지 않는다.
② 이동하지 않고 "안녕!"을 3초 동안 말한다.
③ 이동 방향으로 10만큼 이동하고 말하지 않는다.
④ 이동 방향으로 10만큼 이동하고 "안녕!"을 3초 동안 말한다.
⑤ 이동 방향으로 3만큼 이동하고 "안녕!"을 10초 동안 말한다.

11 프로그램을 실행하고 키보드를 통해 "프로그래밍"을 입력하였을 때 출력되는 내용은 무엇인가?

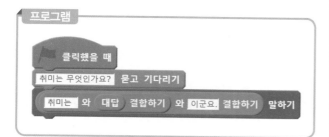

① 프로그래밍

② 취미는 대답이군요.

③ 취미는 프로그래밍이군요.

④ 취미는 와 대답 결합하기 와 이군요.결합하기

⑤ 취미는 와 프로그래밍 결합하기 와 이군요.결합하기

12 프로그램을 실행한 후 ⓐ, ⓑ, ⓒ, ⓓ 키를 순서대로 입력했을 때 스프라이트의 x, y좌표의 값으로 옳은 것은?

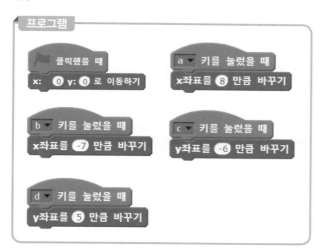

① (0, 0)

② (1, 1)

③ (1, −1)

④ (−1, 1)

⑤ (−1, −1)

13 [보기]에서 스크래치에서 할 수 있는 출력을 있는 대로 고른 것은?

> **보기**
> ㉠ 소리
> ㉡ 말풍선
> ㉢ 스프라이트의 이동
> ㉣ 스프라이트의 모양

① ㉠, ㉡

② ㉡, ㉢

③ ㉢, ㉣

④ ㉡, ㉢, ㉣

⑤ ㉠, ㉡, ㉢, ㉣

14 프로그램을 실행한 후 별이 깜박이는(꺼짐/켜짐) 횟수로 옳은 것은?

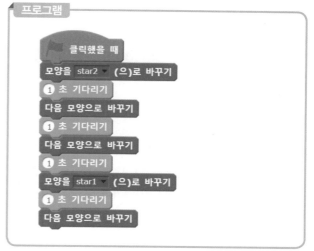

① 1회

② 2회

③ 3회

④ 4회

⑤ 5회

15 다음 프로그램에서 입력에 따른 오브젝트의 행동을 서술하시오.

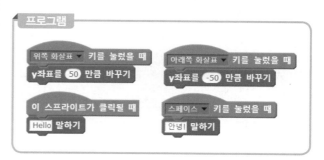

1) 스프라이트를 클릭하면: _____

2) 스페이스 키를 누르면: _____

3) 위쪽 화살표 키를 누르면: _____

4) 아래쪽 화살표 키를 누르면: _____

06 변수와 연산

① 변수란 무엇일까

1. 변수

❶ 변수와 변수명의 이해

- 프로그램에서 자료를 저장하여 필요할 때마다 저장된 자료를 읽어 들여 사용 가능, 이때 자료를 저장할 기억 장소를 변수라 하고, 변수에 이름을 붙인 것을 변수명이라고 함

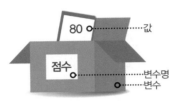

⬤ **변수** 프로그램이 실행되는 동안 문제 해결을 위해 처리할 값이나 처리된 값 등을 저장하는 장소

- 변수명, 즉 변수의 이름은 사용자가 임의로 지정할 수 있음
- 변수명을 지정할 때는 그곳에 저장할 자료의 내용이나 특징을 연상할 수 있는 이름으로 지정하는 것이 좋음

Tip 변수와 상수
- 변수(variable): 자료를 저장하는 공간으로 프로그램이 실행되는 동안 값을 변경할 수 있음

- 상수(constant): 한번 정의된 값은 프로그램이 실행되는 동안 변하지 않고, 일정한 값을 유지함

❷ 변수 선언하기

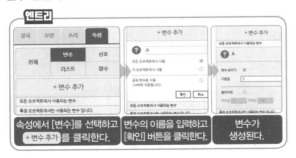

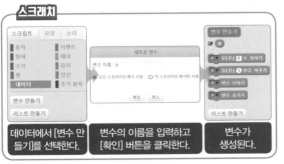

Tip 변수 보이기/감추기
- 엔트리

변수 보이기를 체크한 경우	변수 보이기를 해제한 경우
변수 0	

- 스크래치
명령어 블록으로 변수 숨기기/보이기 가능

무대에서 변수 숨기기	무대에서 변수 보이기
변수 ▼ 변수 숨기기	변수 ▼ 변수 보이기

❸ 변수의 사용 범위

- 엔트리

'모든 오브젝트에서 사용'을 체크하면 모든 오브젝트에서 변수를 사용 가능
'이 오브젝트에서 사용'을 체크하면 특정 오브젝트에서만 변수를 사용 가능
'공유 변수로 사용'을 체크하면 서버에 변수가 저장되어 값이 계속 유지됨

- 스크래치

새로운 변수
변수 이름:
● 모든 스프라이트에서 사용　○ 이 스프라이트에서만 사용
확인　취소

'모든 스프라이트에서 사용'을 체크하면 모든 스프라이트에서 변수를 사용 가능

'이 스프라이트에서만 사용'을 체크하면 선택된 스프라이트에서만 변수를 사용 가능

❹ 슬라이드를 활용하여 변수 값의 범위 지정하기

• 엔트리

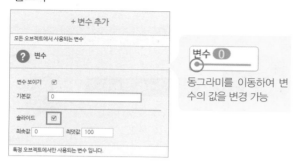

▲ 슬라이드의 최솟값과 최댓값을 지정하여 변수 값의 범위를 지정 가능

• 스크래치: 변수를 더블 클릭하면 화면에 표시된 변수의 모양이 다음과 같이 바뀜

동그라미를 이동하여 변수의 값을 변경 가능

2. 변수의 특징과 초깃값

❶ 변수의 특징

• 변수에는 수, 문자, 문자열 등의 자료를 저장 가능
• 변수를 선언할 때 초깃값을 정확하게 설정하는 것이 중요

❷ 초깃값

사용할 기억 장소에 변수명을 지정하여 변수를 구분하고, 필요에 따라 초깃값을 지정 가능

엔트리

캐릭터의 체력을 나타내는 변수의 변수명은 '체력'으로 지정하고, 초깃값은 100으로 설정

스크래치

캐릭터의 체력을 나타내는 변수의 변수명은 '체력'으로 지정하고, 초깃값은 100으로 설정

---

❸ 초깃값 선언하기

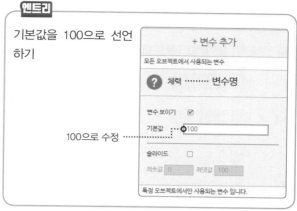

엔트리

기본값을 100으로 선언하기

100으로 수정

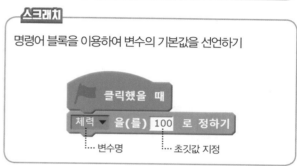

스크래치

명령어 블록을 이용하여 변수의 기본값을 선언하기

변수명 ····· ····· 초깃값 지정

② 연산에 대해 알아볼까

1. 연산의 이해

❶ 연산은 식이 나타낸 일정한 규칙에 따라 계산 가능

❷ 연산의 종류에는 산술 연산, 비교 연산, 논리 연산 등이 있음

❸ 연산 과정을 기호로 표현한 것을 연산자라고 함

2. 산술 연산

산돌 연산에는 +, −, ×, / 등의 산술 연산자를 사용함

구분	산술 연산의 예(엔트리)	산술 연산의 예(스크래치)	결과
덧셈	(7) + (4)	(7 + 4)	11
뺄셈	(7) − (4)	(7 − 4)	3
곱셈	(7) × (4)	(7 * 4)	28
나눗셈	(7) / (4)	(7 / 4)	1.75
나머지 연산	(7) / (4) 의 나머지▼	(7 나누기 4 의 나머지)	3

3. 비교 연산

두 개 이상의 값을 비교할 때 사용하는 비교 연산자에는 =, >, <, ≥, ≤가 있음

구분	비교 연산의 예(엔트리)	비교 연산의 예(스크래치)	결과
같다	7 = 4	7 = 4	거짓
크다	7 > 4	7 > 4	참
작다	7 < 4	7 < 4	거짓
크거나 같다	7 ≥ 4	7 > 4 또는 7 = 4	참
작거나 같다	7 ≤ 4	7 < 4 또는 7 = 4	거짓

예 비교 연산에 따른 출력

프로그램	실행 결과
클릭했을 때 / 7 < 4 말하기 / 7보다 4가 큰지 비교	false
클릭했을 때 / 7 = 4 말하기 / 7과 4가 같은지 비교	false
클릭했을 때 / 7 > 4 말하기 / 7이 4보다 큰지 비교	true

4. 논리 연산

하나 이상의 비교 연산을 논리 연산자 그리고, 또는, 부정을 사용하여 연산을 수행

구분	논리 연산의 예 (엔트리)	논리 연산의 예 (스크래치)	결과
그리고 (AND)	참 그리고 참	그리고	둘 다 참이면 결괏값은 참이 되고, 둘 중 하나 이상이 거짓이면 결괏값은 거짓이 된다.
또는 (OR)	참 또는 거짓	또는	둘 중 하나 이상이 참이면 결괏값은 참이 되고, 둘 다 거짓이면 결괏값은 거짓이 된다.
부정 (NOT)	참 (이)가 아니다	가(이) 아니다	참이면 결괏값은 거짓이 되고, 거짓이면 결괏값은 참이 됨

예 논리 연산에 따른 출력

그리고 연산 예

프로그램	실행 결과
클릭했을 때 / 1 < 2 그리고 2 < 3 을(를) 2초동안 말하기 / 1보다 2가 크면서 2보다 3이 큰지 비교	true
클릭했을 때 / 1 < 2 그리고 3 < 2 을(를) 2초동안 말하기 / 1보다 2가 크면서 3보다 2가 큰지 비교	false
클릭했을 때 / 2 < 1 그리고 2 < 3 을(를) 2초동안 말하기 / 2보다 1이 크면서 2보다 3이 큰지 비교	false
클릭했을 때 / 2 < 1 그리고 3 < 2 을(를) 2초동안 말하기 / 2보다 1이 크면서 3보다 2가 큰지 비교	false

또는 연산 예

프로그램	실행 결과
클릭했을 때 / 1 < 2 또는 2 < 3 을(를) 2초동안 말하기 / 1보다 2가 크거나 2보다 3이 큰지 비교	true
클릭했을 때 / 1 < 2 또는 3 < 2 을(를) 2초동안 말하기 / 1보다 2가 크거나 3보다 2가 큰지 비교	true
클릭했을 때 / 2 < 1 또는 2 < 3 을(를) 2초동안 말하기 / 2보다 1이 크거나 2보다 3이 큰지 비교	true
클릭했을 때 / 2 < 1 또는 3 < 2 을(를) 2초동안 말하기 / 2보다 1이 크거나 3보다 2가 큰지 비교	false

가(이) 아니다 연산 예

프로그램	실행 결과
클릭했을 때 1 < 2 가(이) 아니다 을(를) 2 초동안 말하기 1보다 2가 크지 않은지 비교	false
클릭했을 때 2 < 1 가(이) 아니다 을(를) 2 초동안 말하기 2보다 1이 크지 않은지 비교	true

MEMO

01 다음 프로그램을 실행하였을 때, 출력되는 값으로 옳은 것은?

① 3   ② 7   ③ 21
④ 7 × 3   ⑤ 73

02 다음 2개의 프로그램을 실행하면 값이 각각 출력된다. 출력되는 값으로 옳은 것끼리 묶인 것은?

	㉠	㉡			㉠	㉡
①	3	1.75		②	1	3
③	1.75	3		④	1	1
⑤	3	3				

03 다음 프로그램을 실행하였을 때, 출력되는 값으로 옳은 것은?

① 2   ② 5   ③ 7
④ 10   ⑤ 12

04 다음 프로그램을 실행하면 변수 A에 저장된 값이 바뀐다. 마지막으로 변수 A에 저장되는 값으로 옳은 것은?

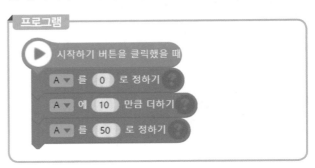

① 0   ② 10
③ 40   ④ 50
⑤ 60

05 다음 프로그램을 실행하고 8을 입력하면 변수 A에 저장된 값이 바뀐다. 마지막으로 변수 A에 저장되는 값으로 옳은 것은?

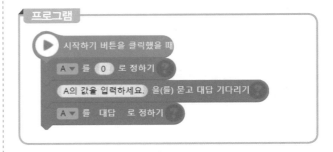

① 0   ② 8
③ 80   ④ 대답
⑤ A의 값을 입력하세요.

06 다음 프로그램을 실행하고 15와 20을 차례대로 입력하면 변수 A에 저장된 값이 바뀐다. 마지막으로 변수 A에 저장되는 값으로 옳은 것은?

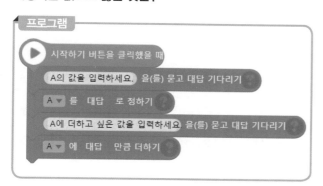

① −5   ② 0
③ 15   ④ 20
⑤ 35

07 프로그램을 실행하고 18과 13을 차례대로 입력하면 입력된 값을 처리하여 처리된 값을 출력한다. 출력되는 값으로 옳은 것은?

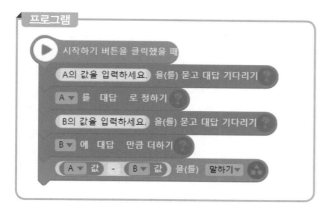

① −5   ② 0
③ 5   ④ 13
⑤ 18

08 다음 프로그램을 실행하고 8을 입력하면 변수 A, B, C에 저장된 값이 바뀐다. 마지막으로 변수 B와 변수 C에 저장되는 값으로 옳은 것은?

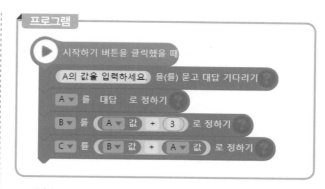

	변수 B	변수 C
①	8	8
②	11	16
③	11	19
④	11	22
⑤	19	11

09 (5 − 3) × (2 + 1)을 계산하는 프로그램을 작성하려고 한다. ㉠에 들어갈 명령어로 옳은 것은?

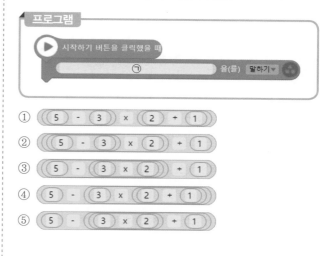

① (5 - 3) × (2 + 1)
② ((5 - 3) × (2) + 1)
③ (5 - (3) × (2) + 1)
④ (5 - 3 × 2 + 1)
⑤ (5 - ((3) × (2) + 1))

10 엔트리에서 변수 설정에 대한 설명으로 옳은 것은?

① 변수명은 변경할 수 없다.
② 변수는 실행 화면에서 숨길 수 없다.
③ 변수에는 수, 문자, 문자열을 저장할 수 있다.
④ 변수에 초깃값을 정해주지 않으면 랜덤 값이 들어간다.
⑤ 변수는 프로그램이 실행되는 중간에 값이 변경될 수 없다.

11 보기 에서 논리 연산자를 포함한 식을 있는 대로 고른 것은?

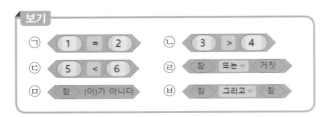

① ㉠, ㉡, ㉢
② ㉠, ㉢, ㉤
③ ㉣, ㉤, ㉥
④ ㉠, ㉡, ㉢, ㉤
⑤ ㉠, ㉡, ㉢, ㉣, ㉥

12 보기 에서 연산 결과가 참이 되는 경우를 있는 대로 고른 것은?

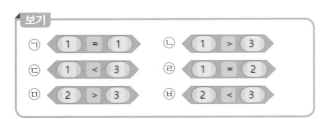

① ㉠, ㉡, ㉢
② ㉠, ㉢, ㉥
③ ㉣, ㉤, ㉥
④ ㉡, ㉣, ㉤
⑤ ㉢, ㉣, ㉤, ㉥

[13~15] 보기 와 같은 프로그램을 작성하려고 한다. 다음 물음에 답하시오.

> **보기**
> ○○ 게임 회사에서는 새로운 슈팅 게임을 제작하려고 한다. 슈팅 게임의 조건은 한 번 플레이 할 때마다 총 기회는 3번 주어지며, 처음 캐릭터의 HP는 100으로 시작한다. 또한 주어진 미션을 해결할 때마다 점수는 10점씩 증가한다.
> ※ HP(Hit Point): 게임에서 캐릭터가 피해가 발생했을 때 버틸 수 있는 능력을 수치로 표현한 것

13 게임 프로그램을 제작하기 위해 필요한 변수의 최소 개수로 옳은 것은?

① 1개
② 2개
③ 3개
④ 4개
⑤ 5개

14 HP의 초깃값으로 옳은 것은?

① 0
② 3
③ 10
④ 100
⑤ 200

15 점수를 증가시키기 위해 필요한 연산 블록은 무엇인가?

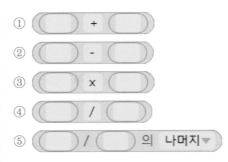

16 변수 A에 저장된 값이 10 초과이면서 15 미만인지를 판단하려고 할 때 사용하는 연산 블록은 무엇인가?

01 다음 프로그램을 실행하면 값이 출력된다. 출력되는 값으로 옳은 것은?

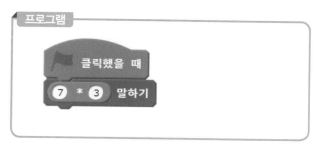

① 3   ② 7   ③ 21
④ 7 × 3   ⑤ 73

02 다음 2개의 프로그램을 실행하면 값이 각각 출력된다. 출력되는 값으로 옳은 것끼리 묶인 것은?

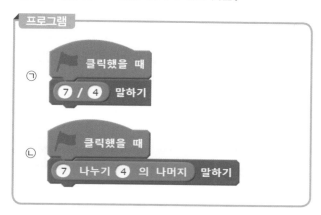

	㉠	㉡		㉠	㉡
①	3	1.75	②	1	3
③	1.75	3	④	1	1
⑤	3	3			

03 다음 프로그램을 실행하였을 때, 출력되는 값으로 옳은 것은?

① 2   ② 5   ③ 7
④ 10   ⑤ 12

04 다음 프로그램을 실행하면 변수 A에 저장된 값이 바뀐다. 마지막으로 변수 A에 저장되는 값으로 옳은 것은?

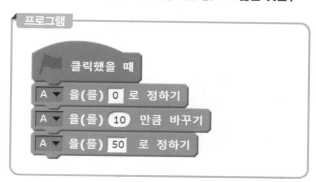

① 0   ② 10
③ 40   ④ 50
⑤ 60

05 다음 프로그램을 실행하고 8을 입력하면 변수 A에 저장된 값이 바뀐다. 마지막으로 변수 A에 저장되는 값으로 옳은 것은?

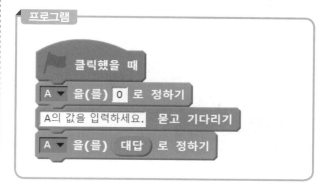

① 0   ② 8
③ 80   ④ 대답
⑤ A의 값을 입력하세요.

06 다음 프로그램을 실행하고 15와 20을 차례대로 입력하면 변수 A에 저장된 값이 바뀐다. 마지막으로 변수 A에 저장되는 값으로 옳은 것은?

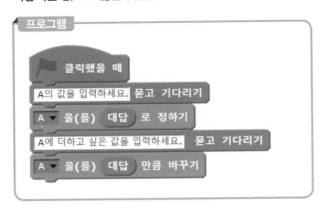

① −5
② 0
③ 15
④ 20
⑤ 35

07 프로그램을 실행하고 18과 13을 차례대로 입력하면 입력된 값을 처리하여 처리된 값을 출력한다. 출력되는 값으로 옳은 것은?

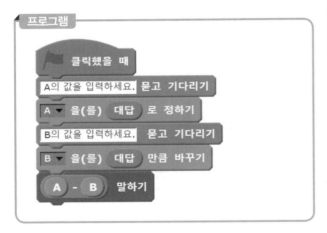

① −5
② 0
③ 5
④ 13
⑤ 18

08 다음 프로그램을 실행하고 8을 입력하면 변수 A, B, C에 저장된 값이 바뀐다. 마지막으로 변수 B와 변수 C에 저장되는 값으로 옳은 것은?

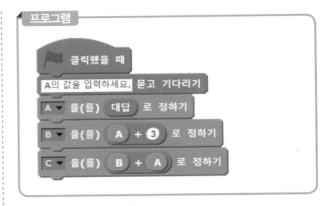

	변수 B	변수 C
①	8	8
②	11	16
③	11	19
④	11	22
⑤	19	11

09 (5 − 3) × (2 + 1)을 계산하는 프로그램을 작성하려고 한다. 프로그램의 ㉠에 들어갈 명령어로 옳은 것은?

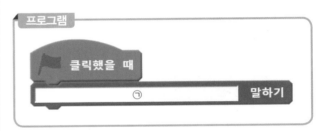

① $(5-3)*2+1$
② $(5-3)*2+1$
③ $(5-3*2)+1$
④ $5-3*2+1$
⑤ $5-(3*2)+1$

10 스크래치에서 변수 설정에 대한 설명으로 옳은 것은?

① 변수명은 변경할 수 없다.
② 변수는 실행 화면에서 숨길 수 없다.
③ 변수에는 수, 문자, 문자열을 저장할 수 있다.
④ 변수에 초깃값을 정해주지 않으면 0이 들어간다.
⑤ 변수는 프로그램이 실행되는 중간에 값이 변경될 수 없다.

11 보기 에서 논리 연산자를 포함한 식을 있는 대로 고른 것은?

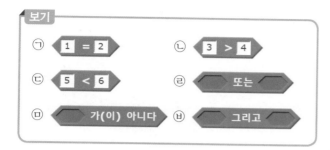

보기

ㄱ [1 = 2]   ㄴ [3 > 4]

ㄷ [5 < 6]   ㄹ [또는]

ㅁ [가(이) 아니다]   ㅂ [그리고]

① ㄱ, ㄴ, ㄷ   ② ㄱ, ㄷ, ㅁ
③ ㄹ, ㅁ, ㅂ   ④ ㄱ, ㄴ, ㄷ, ㅁ
⑤ ㄱ, ㄴ, ㄷ, ㄹ, ㅂ

12 보기 에서 연산 결과가 참이 되는 경우를 있는 대로 고른 것은?

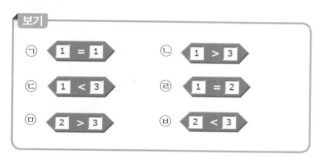

보기

ㄱ [1 = 1]   ㄴ [1 > 3]

ㄷ [1 < 3]   ㄹ [1 = 2]

ㅁ [2 > 3]   ㅂ [2 < 3]

① ㄱ, ㄴ, ㄷ   ② ㄱ, ㄷ, ㅂ
③ ㄹ, ㅁ, ㅂ   ④ ㄴ, ㄹ, ㅁ
⑤ ㄷ, ㄹ, ㅁ, ㅂ

[13~15] 보기 와 같은 프로그램을 작성하려고 한다. 다음 물음에 답하시오.

보기

　○○ 게임 회사에서는 새로운 슈팅 게임을 제작하려고 한다. 슈팅 게임의 조건은 한 번 플레이 할 때마다 총 기회는 3번 주어지며, 처음 캐릭터의 HP는 100으로 시작한다. 또한 주어진 미션을 해결할 때마다 점수는 10점씩 증가한다.

※ HP(Hit Point): 게임에서 캐릭터가 피해가 발생했을 때 버틸 수 있는 능력을 수치로 표현한 것

13 게임 프로그램을 제작하기 위해서 필요한 변수의 최소 개수로 옳은 것은?

① 1개   ② 2개   ③ 3개
④ 4개   ⑤ 5개

14 HP의 초깃값으로 옳은 것은?

① 0   ② 3   ③ 10
④ 100   ⑤ 200

15 점수를 증가시키기 위해 필요한 연산 블록은 무엇인가?

① (+)

② (-)

③ (*)

④ (/)

⑤ (나누기 의 나머지)

16 변수 A에 저장된 값이 10 초과이면서 15 미만인지를 판단하려고 할 때 사용하는 연산 블록은 무엇인가?

① [10 < A 또는 A < 15]

② [10 > A 또는 A > 15]

③ [10 < A 그리고 A < 15]

④ [10 < A 그리고 A > 15]

⑤ [10 > A 그리고 A < 15]

07 제어 구조

① 순차 구조와 반복 구조를 알아볼까

1. 순차 구조
처음부터 끝까지 차례대로 명령을 실행하는 구조

2. 반복 구조
❶ 반복되는 명령어를 묶은 뒤 원하는 횟수만큼 반복하게 하거나 조건이 만족될 때까지 반복하게 만드는 구조, 반복할 명령어 블록들을 반복 구조 안에 묶어서 처리
❷ 반복 구조를 나타내는 명령어 블록의 종류

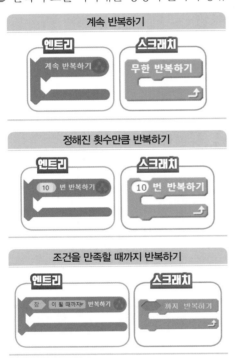

② 선택 구조를 알아볼까

1. 선택 구조
❶ 한 가지 이상의 조건에 따라 각기 다른 동작을 수행해야 할 때 사용하는 구조
❷ 선택 구조를 나타내는 블록의 종류

단순 선택 구조
조건이 만족할 경우(참) 블록 내의 명령을 수행

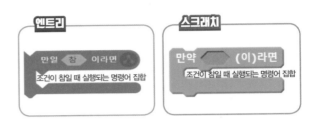

다중 선택 구조
조건이 만족할 경우(참)와 만족하지 않을 경우(거짓)에 따라 각기 다른 명령을 수행

✓ 점검하기
❶ ☐☐ ☐☐는 처음부터 끝까지 차례대로 명령을 실행하는 구조이다.
❷ ☐☐ ☐☐는 특정 명령을 반복하여 실행하는 구조로, 반복할 명령어 블록들을 ☐☐ ☐☐ 안에 묶어서 처리한다.
❸ ☐☐ ☐☐는 한 가지 이상의 조건에 따라 각기 다른 동작을 수행해야 할 때 사용하는 구조이다.

| 정답 | ❶ 순차 구조 　 ❷ 반복 구조, 반복 구조 　 ❸ 선택 구조

 문제

01 다음 프로그램을 실행하여 30이 출력되도록 하고 싶다. ㉠, ㉡에 들어갈 수 없는 수는?

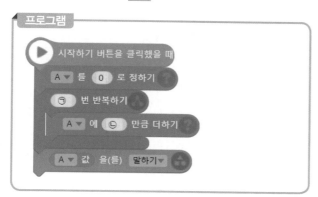

	㉠	㉡
①	2	15
②	3	10
③	5	6
④	6	5
⑤	8	4

02 다음 프로그램을 실행하면 다양한 수가 출력된다. 출력되는 수를 순서대로 나열한 것은?

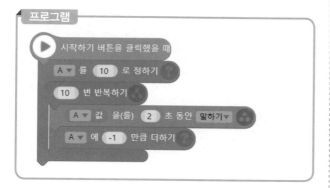

① 9 8 7 6 5 4 3 2 1
② 9 8 7 6 5 4 3 2 1 0
③ 10 9 8 7 6 5 4 3 2 1
④ 10 9 8 7 6 5 4 3 2 1 0
⑤ 10 10 10 10 10 10 10 10 10 10

03 다음 프로그램을 실행하였을 때, 그려지는 정다각형은 무엇인가?

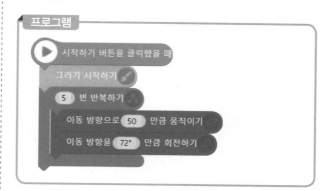

① 정삼각형　　　　　② 정사각형
③ 정오각형　　　　　④ 정육각형
⑤ 정칠각형

04 다음 프로그램을 실행하면 오브젝트는 5번 이동한다. 다음 중 오브젝트의 최종 위치 좌표는 무엇인가?

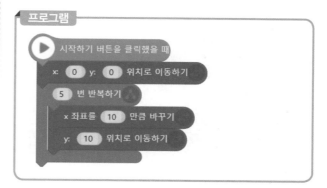

① (0, 0)　　　　　② (10, 10)
③ (10, 50)　　　　④ (50, 10)
⑤ (50, 50)

05 보기 와 같은 그림이 그려지도록 프로그램에서 ㉠에 들어갈 수로 옳은 것은?

실행 전　　　　　출력 후

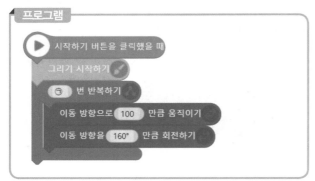

① 8　　　　　　　　② 9
③ 10　　　　　　　　④ 11
⑤ 12

06 다음 프로그램을 실행하였을 때, 출력되는 값은 무엇인가?

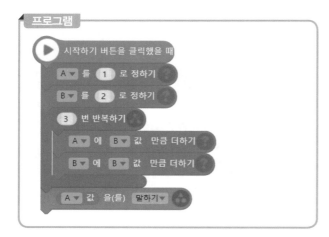

① 1　　　　　　　　② 2
③ 3　　　　　　　　④ 7
⑤ 15

07 다음 프로그램은 어떤 문제를 해결하기 위해 작성되었다. 이 프로그램으로 해결할 수 있는 문제는 무엇인가?

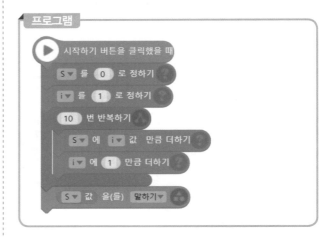

① 1부터 9까지 수의 합을 구하는 문제
② 1부터 10까지 수의 합을 구하는 문제
③ 10부터 1까지 짝수의 합을 구하는 문제
④ 1부터 10까지 수를 하나씩 출력하는 문제
⑤ 10부터 1까지 수를 하나씩 출력하는 문제

08 다음 프로그램을 실행하였을 때, 출력되는 문장으로 옳은 것은?

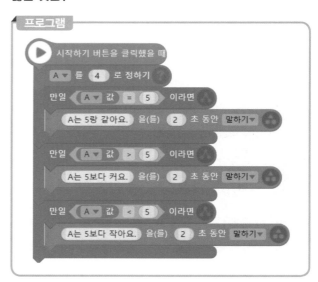

① A는 5랑 같아요.
② A는 5보다 커요.
③ A는 5보다 작아요.
④ A는 5보다 크거나 같아요.
⑤ A는 5보다 작거나 같아요.

09 다음 프로그램을 실행하여 "B 입니다."를 출력하려고 한다. ㉠에 들어갈 수로 옳은 것은?

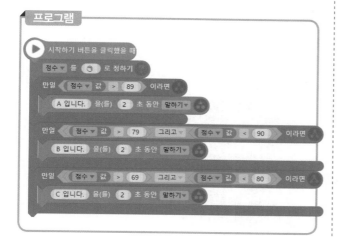

① 100   ② 90
③ 80   ④ 79
⑤ 70

10 다음 프로그램을 실행하였을 때, 출력되는 값으로 옳은 것은?

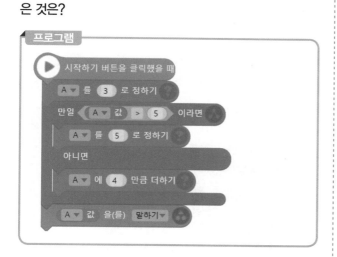

① 3   ② 4
③ 5   ④ 7
⑤ 8

11 다음 프로그램을 실행하였을 때, 출력되는 문장으로 옳은 것은?

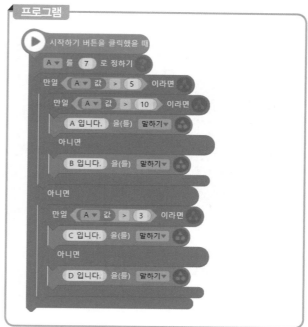

① A 입니다.   ② B 입니다.
③ C 입니다.   ④ D 입니다.
⑤ E 입니다.

12 보기 에서 ㉠과 ㉡에 들어갈 용어로 옳은 것은?

보기

반복되는 명령어를 묶은 뒤 원하는 횟수만큼 반복하게 하거나 조건이 만족될 때까지 반복하게 만드는 구조를 (㉠) 구조라고 한다.
그리고 한 가지 이상의 조건에 따라 각기 다른 동작을 수행해야 할 때 사용하는 구조를 (㉡) 구조라고 한다.

	㉠	㉡
①	순차	반복
②	반복	선택
③	선택	순차
④	반복	순차
⑤	선택	반복

[13~15] 1부터 15까지의 수 중에서 짝수의 합을 구하는 프로그램을 작성하려고 한다. 다음 물음에 답하시오.

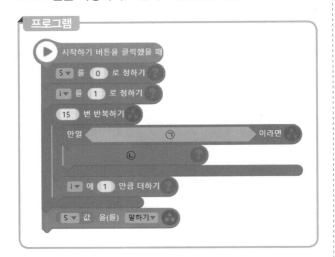

13 ㉠에 들어갈 명령어로 옳은 것은?

① (i▼ 값 / 2 의 나머지▼ = 0)

② (i▼ 값 / 2 의 나머지▼ = 1)

③ (S▼ 값 / 2 의 나머지▼ = 0)

④ (S▼ 값 / 2 의 나머지▼ = 1)

⑤ (S▼ 값 / i▼ 값 의 나머지▼ = 0)

14 ㉡에 들어갈 명령어로 옳은 것은?

① S▼ 에 1 만큼 더하기

② i▼ 에 1 만큼 더하기

③ S▼ 에 S▼ 값 만큼 더하기

④ i▼ 에 S▼ 값 만큼 더하기

⑤ S▼ 에 i▼ 값 만큼 더하기

15 위의 프로그램을 실행하였을 때, 출력되는 값으로 옳은 것은?

① 15　　　② 42　　　③ 49

④ 56　　　⑤ 64

스크래치 문제

01 다음 프로그램을 실행하여 30이 출력되도록 하고 싶다. ㉠, ㉡에 들어갈 수 없는 수는?

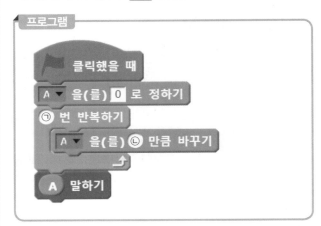

	㉠	㉡
①	2	15
②	3	10
③	5	6
④	6	5
⑤	8	4

02 다음 프로그램을 실행하면 다양한 수가 출력된다. 출력되는 수를 순서대로 나열한 것은?

① 9 8 7 6 5 4 3 2 1

② 9 8 7 6 5 4 3 2 1 0

③ 10 9 8 7 6 5 4 3 2 1

④ 10 9 8 7 6 5 4 3 2 1 0

⑤ 10 10 10 10 10 10 10 10 10 10

03 다음 프로그램을 실행하였을 때, 그려지는 정다각형은 무엇인가?

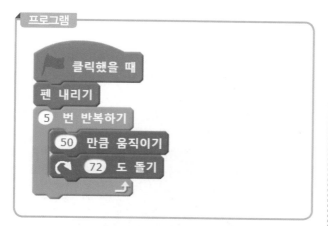

① 정삼각형　　　　② 정사각형
③ 정오각형　　　　④ 정육각형
⑤ 정칠각형

05 보기 와 같은 그림이 그려지도록 프로그램에서 ㉠에 들어갈 수로 옳은 것은?

실행 전　　　　　　출력 후

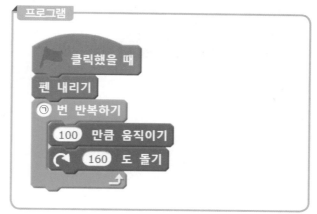

① 8　　　　　　　② 9
③ 10　　　　　　　④ 11
⑤ 12

04 다음 프로그램을 실행하면 스프라이트는 5번 이동한다. 다음 중 스프라이트의 최종 위치 좌표는 무엇인가?

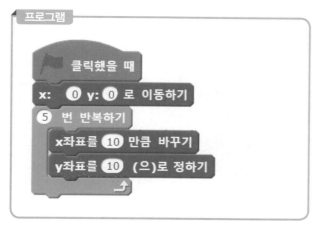

① (0, 0)　　　　　② (10, 10)
③ (10, 50)　　　　④ (50, 10)
⑤ (50, 50)

06 다음 프로그램을 실행하였을 때, 출력되는 값은 무엇인가?

① 1　　　　　　　② 2
③ 3　　　　　　　④ 7
⑤ 15

07 다음 프로그램은 어떤 문제를 해결하기 위해 작성되었다. 이 프로그램으로 해결할 수 있는 문제는 무엇인가?

```
프로그램

클릭했을 때
S ▼ 을(를) 0 로 정하기
i ▼ 을(를) 1 로 정하기
10 번 반복하기
    S ▼ 을(를) i 만큼 바꾸기
    i ▼ 을(를) 1 만큼 바꾸기
S 말하기
```

① 1부터 9까지 수의 합을 구하는 문제
② 1부터 10까지 수의 합을 구하는 문제
③ 10부터 1까지 짝수의 합을 구하는 문제
④ 1부터 10까지 수를 하나씩 출력하는 문제
⑤ 10부터 1까지 수를 하나씩 출력하는 문제

08 다음 프로그램을 실행하였을 때, 출력되는 문장으로 옳은 것은?

```
프로그램

클릭했을 때
A ▼ 을(를) 4 로 정하기
만약  A = 5  (이)라면
    A는 5랑 같아요. 을(를) 2 초동안 말하기
만약  A > 5  (이)라면
    A는 5보다 커요. 을(를) 2 초동안 말하기
만약  A < 5  (이)라면
    A는 5보다 작아요. 을(를) 2 초동안 말하기
```

① A는 5랑 같아요.
② A는 5보다 커요.
③ A는 5보다 작아요.
④ A는 5보다 크거나 같아요.
⑤ A는 5보다 작거나 같아요.

09 다음 프로그램을 실행하여 "B 입니다."를 출력하려고 한다. ㉠에 들어갈 수로 옳은 것은?

```
프로그램

클릭했을 때
점수 ▼ 을(를) ㉠ 로 정하기
만약  점수 > 89  (이)라면
    A 입니다. 을(를) 2 초동안 말하기
만약  점수 > 79  그리고  점수 < 90  (이)라면
    B 입니다. 을(를) 2 초동안 말하기
만약  점수 > 69  그리고  점수 < 80  (이)라면
    C 입니다. 을(를) 2 초동안 말하기
```

① 100   ② 90
③ 80   ④ 79
⑤ 70

10 다음 프로그램을 실행하였을 때, 출력되는 값으로 옳은 것은?

```
프로그램

클릭했을 때
A ▼ 을(를) 3 로 정하기
만약  A > 5  (이)라면
    A ▼ 을(를) 5 로 정하기
아니면
    A ▼ 을(를) 4 만큼 바꾸기
A 말하기
```

① 3   ② 4
③ 5   ④ 7
⑤ 8

11 다음 프로그램을 실행하였을 때, 출력되는 문장으로 옳은 것은?

① A 입니다.
② B 입니다.
③ C 입니다.
④ D 입니다.
⑤ E 입니다.

12 보기 에서 ㉠과 ㉡에 들어갈 용어로 옳은 것은?

> **보기**
>
> 반복되는 명령어를 묶은 뒤 원하는 횟수만큼 반복하게 하거나 조건이 만족될 때까지 반복하게 만드는 구조를 (㉠) 구조라고 한다.
> 그리고 한 가지 이상의 조건에 따라 각기 다른 동작을 수행해야 할 때 사용하는 구조를 (㉡) 구조라고 한다.

	㉠	㉡
①	순차	반복
②	반복	선택
③	선택	순차
④	반복	순차
⑤	선택	반복

[13~15] 1부터 15까지의 수 중에서 짝수의 합을 구하는 프로그램을 작성하려고 한다. 다음 물음에 답하시오.

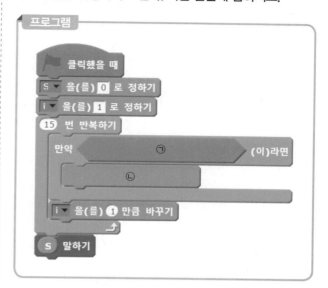

13 ㉠에 들어갈 명령어로 옳은 것은?

① i 나누기 2 의 나머지 = 0
② i 나누기 2 의 나머지 = 1
③ S 나누기 2 의 나머지 = 0
④ S 나누기 2 의 나머지 = 1
⑤ S 나누기 i 의 나머지 = 0

14 ㉡에 들어갈 명령어로 옳은 것은?

① S 을(를) 1 만큼 바꾸기
② i 을(를) 1 만큼 바꾸기
③ S 을(를) S 만큼 바꾸기
④ i 을(를) S 만큼 바꾸기
⑤ S 을(를) i 만큼 바꾸기

15 위의 프로그램을 실행하였을 때, 출력되는 값으로 옳은 것은?

① 15
② 42
③ 49
④ 56
⑤ 64

01 문제 해결 절차에 대한 설명으로 올바른 것은?

① 해결 방법 설계하기는 문제의 현재 상태와 목표 상태를 찾아보는 단계이다.

② 문제 해결은 문제 이해 및 분석 → 평가 → 실행 → 설계의 순서대로 이루어진다.

③ 해결 방법 실행하기는 설계된 해결 방법을 실행하여 문제를 해결하는 단계이다.

④ 문제 이해 및 분석은 문제를 해결하기 위한 방법에 어떤 것이 있는지 분석하는 단계이다.

⑤ 해결 방법 평가하기는 해결 방법 실행하기 전 해결 방법이 제대로 만들어졌는지 평가하는 단계이다.

02 다음 문제 상황에서 현재 상태와 목표 상태를 바르게 나타낸 것은?

문제 상황 관리자가 없는 좁은 주차장에 많은 사람이 주차를 하러 들어왔다. 관리자가 없다 보니 주차를 아무렇게나 해 놓고 그냥 가 버리는 사람이 많았다.
이때, 빨간 차를 주차했던 주인은 출구가 꽉 막힌 주차장을 보고 차를 어떻게 빼야 할지 고민하고 있다. 다행히 주차된 차들은 밀 수 있게 브레이크를 잠그지는 않았지만 핸들이 고정되어 있어서 앞뒤로밖에 움직일 수 없다.

	현재 상태	목표 상태
①	빨간 차 앞이 막혀 있다.	빨간 차가 나갈 수 있게 길을 만든다.
②	빨간 차 주인이 주차장에 왔다.	빨간 차 주인이 차를 탔다.
③	주차가 아무렇게나 되어 있다.	주차를 가지런히 한다.
④	주차된 차들의 핸들이 고정되어 있다.	고정된 핸들을 푼다.
⑤	많은 사람들이 주차를 하였다.	적은 사람들이 주차를 한다.

03 다음 문제 상황을 읽고 핵심 요소를 추출하였다. 이후 보기 와 같이 추출한 핵심 요소를 간단하게 재표현하였을 때 가장 적절한 것끼리 묶은 것은?

문제 상황 집에서 학교까지 가는 가장 빠른 길을 찾고 싶다. 돌길 하나를 지나는 데 1분이 걸린다고 할 때 어떠한 길로 가는 것이 가장 빠를까?

보기

① ㉠, ㉢　　　　② ㉡, ㉣
③ ㉠, ㉡, ㉢　　④ ㉠, ㉢, ㉣
⑤ ㉠, ㉡, ㉢, ㉣

04 다음 알고리즘을 분석한 것으로 옳지 않은 것은?

① k를 0으로 정의한다.
② k에 5를 더한다.
③ k에 k를 곱한 값을 k에 저장한다.
④ k를 출력한다.

① 입력: 입력이 없다.

② 출력: 출력은 하나다.

③ 유한성: 이 프로그램은 5번 반복하고 끝난다.

④ 명확성: 각 명령들은 수학적으로 실행 순서가 명확하고 모호성이 없다.

⑤ 수행 가능성: 이 프로그램은 간단한 사칙연산으로 이루어져 있으므로 수행 가능하다.

05 다음 보기 의 상황을 의사 코드로 표현하려고 할 때, 가장 적합한 구조는 무엇인가?

> **보기**
>
> 아침에 일기예보를 보고 비가 온다면 우산을 가지고 가고, 비가 오지 않는다면 우산을 가져가지 않는다.

① 순차 구조
② 선택 구조
③ 반복 구조
④ 중첩 반복 구조
⑤ 중첩 조건 구조

06 다음 ㉠에 들어갈 순서도 기호로 알맞은 것은?

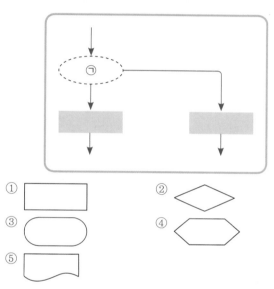

①
②
③
④
⑤

07 다음 순서도를 수행했을 때, 출력되는 값은 무엇인가?

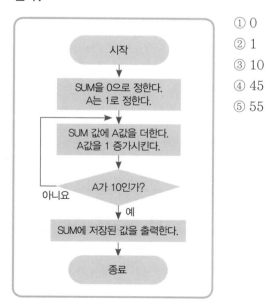

① 0
② 1
③ 10
④ 45
⑤ 55

08 보기 에서 설명하는 것은 무엇인가?

> **보기**
>
> 컴퓨팅 시스템을 구동시키는 프로그램을 작성할 때 사용하는 언어이다. 고급 언어일수록 사람이 사용하는 언어에 가깝다.

① 프로그램
② 업데이트
③ 프로그래밍
④ 프로그래머
⑤ 프로그래밍 언어

09 프로그래밍, 디버깅, 컴파일, 배포 등 프로그램 개발에 관련된 모든 작업을 하나의 프로그램 안에서 처리하는 환경을 제공하는 소프트웨어를 무엇이라 하는지 쓰시오.

(   )

10 다음 프로그램을 실행하였을 때, 오브젝트가 하는 동작으로 옳은 것은?

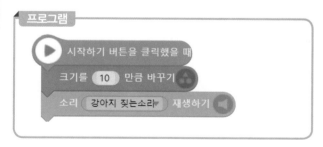

① 크기를 바꾸지 않고 소리를 출력하지 않는다.
② 크기를 10만큼 바꾸고 강아지 짖는 소리를 출력한다.
③ 크기를 −10만큼 바꾸고 강아지 짖는 소리를 출력한다.
④ 크기를 10만큼 바꾸고 소리를 출력하지 않는다.
⑤ 크기를 −10만큼 바꾸고 소리를 출력하지 않는다.

11 다음 프로그램을 실행하였을 때, 출력되는 값으로 옳은 것은?

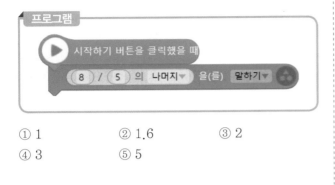

① 1   ② 1.6   ③ 2
④ 3   ⑤ 5

12 다음 프로그램을 실행하면 변수 A, B, C, D에 저장된 값이 바뀐다. 마지막으로 변수 C와 변수 D에 저장되는 값으로 옳은 것은?

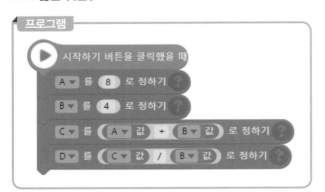

	변수 C	변수 D
①	3	12
②	8	3
③	8	4
④	12	3
⑤	12	4

13 다음 프로그램을 실행하고 A와 B의 값 3과 4를 차례대로 입력하였을 때, 출력되지 <u>않는</u> 값은?

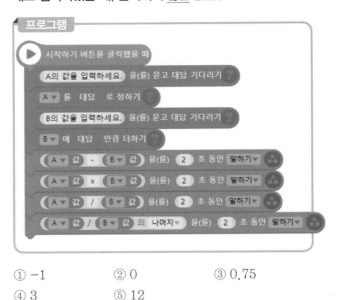

① −1   ② 0   ③ 0.75
④ 3   ⑤ 12

14 프로그램을 실행하고 5를 입력하면 5를 출력하는 프로그램을 작성하였다. 명령어 중 하나를 제거해도 프로그램을 올바르게 실행하는 데 문제가 되지 않는다. 다음 중 제거해도 되는 명령어는 무엇인가?

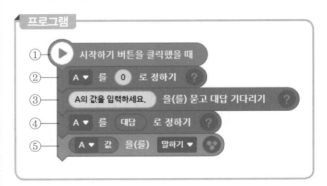

15 보기 의 ㉠~㉣ 중, 연산 결과가 참이 되는 경우를 있는 대로 고른 것은?

보기

㉠ ⟨ 1 = 1 ⟩ 또는▼ ⟨ 1 < 3 ⟩

㉡ ⟨ 1 = 2 ⟩ 그리고▼ ⟨ 1 < 3 ⟩

㉢ ⟨ 1 = 2 ⟩ 또는▼ ⟨ 1 > 3 ⟩

㉣ ⟨ 1 = 1 ⟩ 그리고▼ ⟨ 1 > 3 ⟩

① ㉠   ② ㉡   ③ ㉠, ㉡
④ ㉡, ㉢   ⑤ ㉢, ㉣

16 다음 프로그램을 실행하고 10을 입력하였을 때, 출력되지 <u>않는</u> 수는 무엇인가?

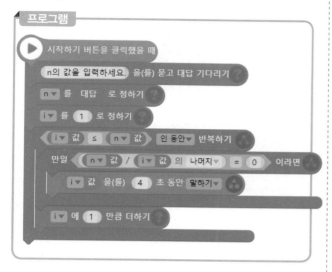

① 1   ② 2   ③ 4
④ 5   ⑤ 10

17 5, 4, 3, 2, 1을 순서대로 출력하는 프로그램을 작성하려고 한다. ⊙과 ⓒ에 들어갈 수로 옳은 것은?

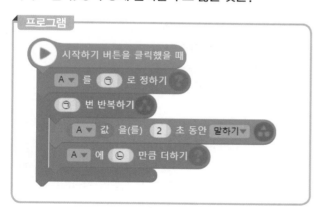

	⊙	ⓒ
①	−1	5
②	−1	6
③	1	5
④	5	−1
⑤	6	−1

[18~19] 삼각형의 성립 조건을 판단하는 프로그램을 작성하려고 한다. 다음 물음에 답하시오.

조건

세 변의 길이 A, B, C가 순서대로 입력된다. 그중 C가 가장 긴 변이다. 세 변의 길이를 비교하여 삼각형을 그릴 수 있으면 "삼각형을 그릴 수 있습니다."를 출력하고, 그릴 수 없으면 "삼각형을 그릴 수 없습니다."를 출력한다.

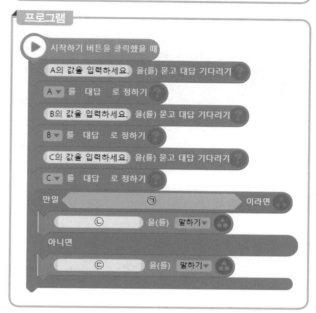

18 ⊙에 들어갈 명령어로 옳은 것은?

① (A ▼ 값 + B ▼ 값) < (C ▼ 값)
② (A ▼ 값 + B ▼ 값) > (C ▼ 값)
③ (C ▼ 값 + A ▼ 값) > (B ▼ 값)
④ (C ▼ 값 + B ▼ 값) < (A ▼ 값)
⑤ (C ▼ 값 + B ▼ 값) > (A ▼ 값)

19 ⓒ과 ⓒ에 들어갈 내용을 쓰시오.

ⓒ: _____

ⓒ: _____

[20~22] 자연수 n을 입력받을 때, n의 약수를 출력하는 프로그램을 작성하려고 한다. 다음 물음에 답하시오.

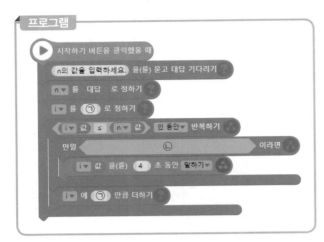

20 프로그램에서 사용된 변수는 총 몇 개인가?

① 0개   ② 1개   ③ 2개
④ 3개   ⑤ 4개

21 ㉠에 공통으로 들어갈 수로 옳은 것은?

① 0   ② 1   ③ 2
④ 3   ⑤ 4

22 ㉡에 들어갈 명령어로 옳은 것은?

① n▼ 값 / i▼ 값 의 나머지▼ = 0
② n▼ 값 / i▼ 값 의 나머지▼ = 1
③ i▼ 값 / n▼ 값 의 나머지▼ = 0
④ i▼ 값 / n▼ 값 의 나머지▼ = 1
⑤ n▼ 값 / n▼ 값 의 나머지▼ = 0

[23~25] n을 입력받아 정n각형을 그리는 프로그램을 작성하려고 한다. 다음 물음에 답하시오.

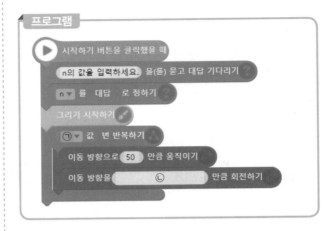

23 ㉠에 들어갈 변수명으로 옳은 것은?

① A   ② B   ③ S
④ n   ⑤ i

24 ㉡에 들어갈 연산이 다음과 같을 때, 빈칸을 채워 완성하시오.

25 위의 프로그램을 실행하고 10을 입력하였을 때, 그려지는 다각형은 무엇인가?

① 정삼각형   ② 정사각형   ③ 정오각형
④ 정팔각형   ⑤ 정십각형

[26~29] 조건 에 따라 냉난방기 작동을 판단하는 프로그램을 작성하려고 한다. 다음 물음에 답하시오.

조건
• 입력받은 온도가 18℃ 이하이면 "난방기를 가동합니다."를 출력
• 입력받은 온도가 28℃ 이상이면 "냉방기를 가동합니다."를 출력
• 입력받은 온도가 18℃ 초과 28℃ 미만이면 "난방기와 냉방기를 가동하지 않습니다."를 출력

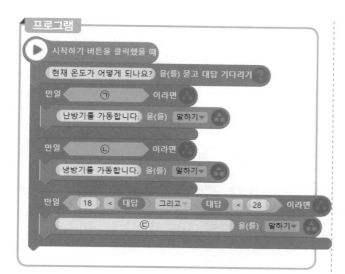

26 입력이 다음과 같을 때 조건에 따른 출력을 서술하시오.

입력	출력
30℃	
20℃	
15℃	

27 ㉠에 들어갈 연산을 빈칸을 채워 완성하시오.

28 ㉡에 들어갈 연산을 빈칸을 채워 완성하시오.

29 ㉢에 들어갈 내용을 서술하시오.

㉢:

08 보기 에서 설명하는 것은 무엇인가?

> **보기**
>
> 컴퓨팅 시스템을 구동시키는 프로그램을 작성할 때 사용하는 언어이다. 고급 언어일수록 사람이 사용하는 언어에 가깝다.

① 프로그램 　　　　　② 업데이트
③ 프로그래밍 　　　　④ 프로그래머
⑤ 프로그래밍 언어

09 프로그래밍, 디버깅, 컴파일, 배포 등 프로그램 개발에 관련된 모든 작업을 하나의 프로그램 안에서 처리하는 환경을 제공하는 소프트웨어를 무엇이라 하는지 쓰시오.

(　　　　　　　　　　　　　　　　　　　　　　)

10 다음 프로그램을 실행하였을 때, 오브젝트가 하는 동작으로 옳은 것은?

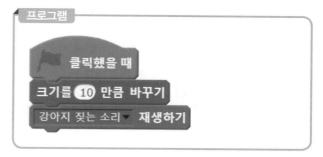

① 크기를 바꾸지 않고 소리를 출력하지 않는다.
② 크기를 10만큼 바꾸고 강아지 짖는 소리를 출력한다.
③ 크기를 −10만큼 바꾸고 강아지 짖는 소리를 출력한다.
④ 크기를 10만큼 바꾸고 소리를 출력하지 않는다.
⑤ 크기를 −10만큼 바꾸고 소리를 출력하지 않는다.

11 다음 프로그램을 실행하였을 때, 출력되는 값으로 옳은 것은?

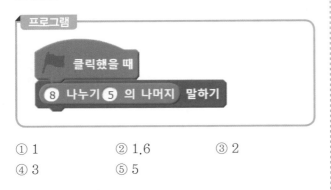

① 1   ② 1.6   ③ 2
④ 3   ⑤ 5

12 다음 프로그램을 실행하면 변수 A, B, C, D에 저장된 값이 바뀐다. 마지막으로 변수 C와 변수 D에 저장되는 값으로 옳은 것은?

	변수 C	변수 D
①	3	12
②	8	3
③	8	4
④	12	3
⑤	12	4

13 다음 프로그램을 실행하고 A와 B의 값 3과 4를 차례대로 입력하였을 때, 출력되지 <u>않는</u> 값은?

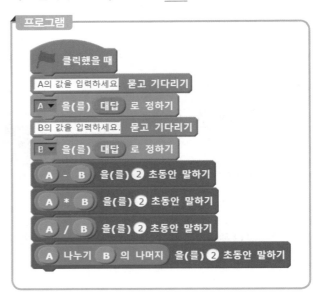

① −1   ② 0   ③ 0.75
④ 3   ⑤ 12

14 프로그램을 실행하고 5를 입력하면 5를 출력하는 프로그램을 작성하였다. 명령어 중 하나를 제거해도 프로그램을 올바르게 실행하는 데 문제가 되지 않는다. 다음 중 제거해도 되는 명령어는 무엇인가?

15 보기 의 ㉠~㉣ 중, 연산 결과가 참이 되는 경우를 있는 대로 고른 것은?

① ㉠
② ㉡
③ ㉠, ㉡
④ ㉡, ㉢
⑤ ㉢, ㉣

16 다음 프로그램을 실행하고 10을 입력하였을 때, 출력되지 않는 수는 무엇인가?

프로그램
- 클릭했을 때
- n의 값을 입력하세요. 묻고 기다리기
- n ▼ 을(를) 대답 로 정하기
- i ▼ 을(를) 1 로 정하기
- n < i 까지 반복하기
  - 만약 n 나누기 i 의 나머지 = 0 (이)라면
    - i 을(를) 4 초동안 말하기
  - i ▼ 을(를) 1 만큼 바꾸기

① 1
② 2
③ 4
④ 5
⑤ 10

17 5, 4, 3, 2, 1을 순서대로 출력하는 프로그램을 작성하려고 한다. ㉠과 ㉡에 들어갈 수로 옳은 것은?

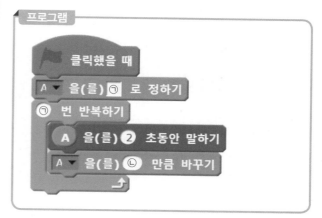

	㉠	㉡
①	−1	5
②	−1	6
③	1	5
④	5	−1
⑤	6	−1

[18~19] 삼각형의 성립 조건을 판단하는 프로그램을 작성하려고 한다. 다음 물음에 답하시오.

조건

세 변의 길이 A, B, C가 순서대로 입력된다. 그중 C가 가장 긴 변이다. 세 변의 길이를 비교하여 삼각형을 그릴 수 있으면 "삼각형을 그릴 수 있습니다."를 출력하고, 그릴 수 없으면 "삼각형을 그릴 수 없습니다."를 출력한다.

프로그램
- 클릭했을 때
- A의 값을 입력하세요. 묻고 기다리기
- A ▼ 을(를) 대답 로 정하기
- B의 값을 입력하세요. 묻고 기다리기
- B ▼ 을(를) 대답 로 정하기
- C의 값을 입력하세요. 묻고 기다리기
- C ▼ 을(를) 대답 로 정하기
- 만약 ㉠ (이)라면
  - ㉡ 말하기
- 아니면
  - ㉢ 말하기

18 ㉠에 들어갈 명령어로 옳은 것은?

① (A + B) < C

② (A + B) > C

③ (C + A) > B

④ (C + B) < A

⑤ (C + B) > A

19 ㉡과 ㉢에 들어갈 내용을 쓰시오.

㉡: _____

㉢: _____

[20~22] 자연수 n을 입력받을 때, n의 약수를 출력하는 프로그램을 작성하려고 한다. 다음 물음에 답하시오.

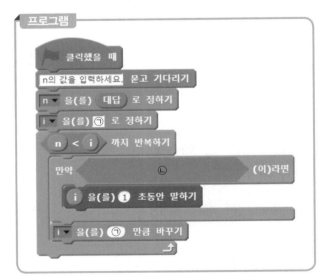

20 프로그램에서 사용된 변수는 총 몇 개인가?

① 0개　　　　② 1개　　　　③ 2개
④ 3개　　　　⑤ 4개

21 ㉠에 공통으로 들어갈 수로 옳은 것은?

① 0　　　　　② 1　　　　　③ 2
④ 3　　　　　⑤ 4

22 ㉡에 들어갈 명령어로 옳은 것은?

① (n 나누기 i 의 나머지) = 0

② (n 나누기 i 의 나머지) = 1

③ (i 나누기 n 의 나머지) = 0

④ (i 나누기 n 의 나머지) = 1

⑤ (n 나누기 n 의 나머지) = 0

[23~25] n을 입력받아 정n각형을 그리는 프로그램을 작성하려고 한다. 다음 물음에 답하시오.

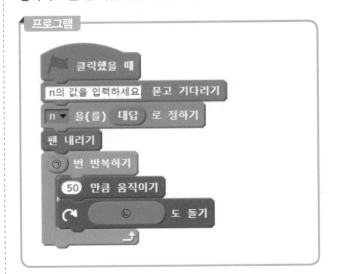

23 ㉠에 들어갈 변수명으로 옳은 것은?

① A　　　　　② B　　　　　③ S
④ n　　　　　⑤ i

24 ⓛ에 들어갈 연산이 다음과 같을 때, 빈칸을 채워 완성하시오.

25 위의 프로그램을 실행하고 10을 입력하였을 때, 그려지는 다각형은 무엇인가?

① 정삼각형   ② 정사각형   ③ 정오각형
④ 정팔각형   ⑤ 정십각형

[26~29] 조건 에 따라 냉난방기 작동을 판단하는 프로그램을 작성하려고 한다. 다음 물음에 답하시오.

조건
- 입력받은 온도가 18℃ 이하이면 "난방기를 가동합니다."를 출력
- 입력받은 온도가 28℃ 이상이면 "냉방기를 가동합니다."를 출력
- 입력받은 온도가 18℃ 초과 28℃ 미만이면 "난방기와 냉방기를 가동하지 않습니다."를 출력

프로그램

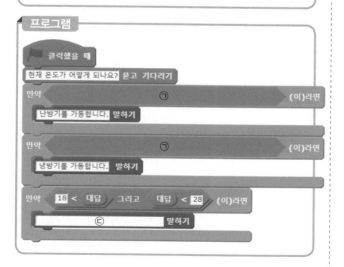

26 입력이 다음과 같을 때 조건에 따른 출력을 서술하시오.

입력	출력
30℃	
20℃	
15℃	

27 ㉠에 들어갈 연산을 빈칸을 채워 완성하시오.

28 ⓛ에 들어갈 연산을 빈칸을 채워 완성하시오.

29 ㉢에 들어갈 내용을 서술하시오.

㉢: _____

수행평가 활동

정답 & 예시답 | 158쪽

수행 활동지 ❶	문제 분석하기
단원	Ⅲ. 문제 해결과 프로그래밍 01. 문제 이해와 분석
활동 목표	주어진 문제 상황을 분석할 수 있다.

문제 상황 재난 방재청에서는 많은 비가 내리는 장마철에 대비하여 지역에 따라 물이 잠기는 곳과 잠기지 않는 곳을 파악해 강수량에 따라 대피할 수 있는 안전한 곳을 알려 주고자 한다.

물은 높이가 낮은 곳부터 차오르게 되며, 강수량 1은 가로 1m, 세로 1m 영역에 높이 1m만큼을 채울 수 있는 물의 양이라고 한다. 같은 높이의 모든 지역에 물이 가득 찼을 때 위험해진다.

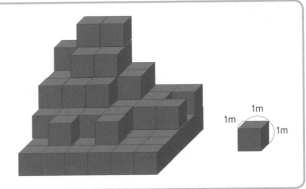

◯ 위와 같은 지형이 있을 때 어떻게 하면 장마철에 잠기는 곳과 잠기지 않는 곳을 파악할 수 있을까?

1. 현재 상태와 목표 상태를 분석해 보자.

현재 상태	목표 상태

2. 수행할 작업을 적어 보자.

3. 핵심 요소를 추출하고 추출한 핵심 요소를 간단하게 재표현해 보자.

수행평가 활동

수행 활동지 ❷	알고리즘 설계하기
단원	**Ⅲ. 문제 해결과 프로그래밍** 03. 알고리즘의 이해와 표현
활동 목표	알고리즘 구조를 사용하여 문제 해결을 위한 알고리즘을 설계할 수 있다.

◉ 순서도 및 의사 코드에 대한 구조의 표현을 찾아보고 이를 활용해 1부터 10 사이 짝수 합을 구하는 알고리즘을 작성해 보자.

순서도	의사 코드

수행평가 활동

정답 & 예시답 | 160쪽

수행 활동지 ③	실생활 프로그램 제작하기
단원	**Ⅲ. 문제 해결과 프로그래밍** 08. 도전! 실생활 문제 해결 프로젝트
활동 목표	실생활 문제 해결을 위한 소프트웨어를 협력하여 설계, 개발, 비교, 분석한다.

○ 다음 신문기사를 읽고 스마트폰 과의존 정도를 스스로 점검할 수 있는 프로그램을 작성해 보자.

> **문제 상황** 우리나라 중학생 10명 중 3명이 스마트폰 이용 조절 능력이 떨어지는 과의존 위험군에 드는 등 청소년의 스마트폰 의존 현상이 여전히 심각한 것으로 나타났다.
> 지난해 10~19세 청소년의 스마트폰 과의존 위험군 비율은 30.3%로 전년(30.6%) 대비 소폭 감소했다. 그러나 중학생의 경우 10명 중 3명꼴인 34.3%가 스마트폰 과의존 위험 수준을 보이는 것으로 조사됐다. 고등학생이 28.7%, 초등학생이 22.0%로 뒤를 이었다.
> 스마트폰 과의존 위험군에 속하는 10~19세 청소년이 주로 이용한 인터넷 콘텐츠는 메신저(98.8%), 게임(97.8%) 등으로 조사됐다. 학업 · 업무용 검색과 음악 감상(82.6%), SNS(81.6%), 영화 · TV · 동영상(79.8%), 뉴스 검색(77.9%), 교육 학습(76.8%)이 뒤를 이었다.
>
> 〈출처〉 뉴스1, 청소년통계, 중학생 10명 중 3명 스마트폰 과의존 '위험 수준', 2018. 04. 26.

1. 현재 상태와 목표 상태 설정하기

현재 상태	목표 상태

2. 수행 작업 알아보기

3. 핵심 요소 추출하기

108 | 중학교 정보 평가 문제집

4. 스마트폰 과의존 정도를 점검하는 설문 양식 작성하기

번호	항목	매우 그렇지 않다	그렇지 않다	그렇다	매우 그렇다
1	스마트폰 이용 시간을 줄이려고 할 때마다 실패한다.	1	2	3	4
2	스마트폰 이용 시간을 조절하는 것이 어렵다.	1	2	3	4
3	적절한 스마트폰 이용 시간을 지키는 것이 어렵다.	1	2	3	4
4	스마트폰이 옆에 있으면 다른 일에 집중하기 어렵다.	1	2	3	4
5	스마트폰 생각이 머리에서 떠나지 않는다.	1	2	3	4
6	스마트폰을 이용하고 싶은 충동을 강하게 느낀다.	1	2	3	4
7	스마트폰 이용 때문에 건강에 문제가 생긴 적이 있다.	1	2	3	4
8	스마트폰 이용 때문에 가족과 심하게 다툰 적이 있다.	1	2	3	4
9	스마트폰 이용 때문에 친구 혹은 동료, 사회적 관계에서 심한 갈등을 경험한 적이 있다.	1	2	3	4
10	스마트폰 때문에 업무(학업 혹은 직업 등) 수행에 어려움이 있다.	1	2	3	4
합계					

〈출처〉 스마트쉼센터 스마트폰 과의존 척도 (https://www.iapc.or.kr)

고위험 사용자군:
총점 31점 이상
스마트폰 과의존 성향이 매우 높으므로 관련 기관의 전문적인 지원과 도움이 필요하다.

잠재적 위험 사용자군:
총점 23점 이상~30점 이하
과의존의 위험을 깨닫고 스스로 조절하고 계획적으로 사용하도록 노력한다.
스마트폰 과의존에 대한 주의가 요망되며, 학교 및 관련 기관에서 제공하는 건전한 스마트폰 활용 지침을 따른다.

일반 사용자군:
총점 22점 이하
스마트폰의 건전한 활용에 대하여 지속적인 자기 점검을 한다.

5. 알고리즘 설계하기

6. 프로그래밍하기

❶ 변수 선언하기

변수명	역할

❷ 오브젝트 추가하기

[오브젝트 추가]에서 필요한 오브젝트를 추가한다.

❸ 리스트 추가

항목 리스트를 추가하고 리스트 항목 수를 10으로 지정한다.
항목에 질문의 순서대로 초깃값을 지정한다.

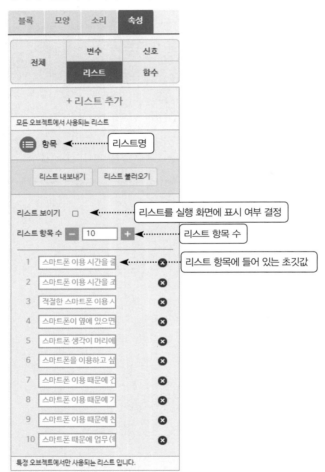

스크래치에서 리스트에 명령어를 통해 입력할 수 있다.

⬆ 입력된 결과

❹ 프로그래밍하기

7. 실행 화면

실행 화면	일반 사용자군 출력

잠재적 위험 사용자군 출력	고위험 사용자군 출력

IV 컴퓨팅 시스템

1. 컴퓨팅 시스템의 이해와 동작

2. 피지컬 컴퓨팅 시스템의 이해

3. 피지컬 컴퓨팅 시스템의 구현

01 컴퓨팅 시스템의 이해와 동작

① 컴퓨팅 시스템이란 무엇일까

1. 컴퓨터
❶ 빠르고 정확하게 수치를 계산하기 위해 개발한 기계
❷ 정보 기술의 발달로 소형화, 다기능 컴퓨팅 시스템으로 발전

Tip 컴퓨터의 발전
• 웨어러블 컴퓨터: 입거나 착용할 수 있는 컴퓨터로 시계, 스마트 안경, 의복 형태로 되어 있으며, 스마트 안경은 증강 현실을 기반으로 하여 실시간으로 길 안내, 인터넷 검색 등을 할 수 있음
• 애플 I(1976년): 스티브 잡스와 스티브 워즈니악이 만든 세계 최초의 개인용 컴퓨터로, 입력 장치인 키보드와 출력 장치인 모니터가 있었으며, 오늘날 PC의 모티브가 됨

하나 더 알기   **초창기 컴퓨터 에니악(ENIAC)**

1초에 약 5,000회의 덧셈을 할 수 있었으며, 무게가 약 30톤으로 일반인이 사용하기에 어려움이 있었음

---

2. 컴퓨팅 시스템
❶ 컴퓨터를 비롯한 다양한 정보 기기, 즉 하드웨어와 그 하드웨어를 동작시키는 소프트웨어로 이루어져 있는 시스템
❷ 실생활의 문제를 효율적으로 해결하기 위해 이미 사회 전반에 활용되고 있으며 그 예로 컴퓨터, 스마트폰, 냉장고, 자동문 등이 있음

버스 도착 알림 시스템

승강기 자동 제어

스마트폰으로 택시 부르기

▲ 컴퓨팅 시스템이 실생활에 적용된 사례

② 컴퓨팅 시스템은 어떻게 구성되어 있을까

1. 컴퓨팅 시스템의 구성
컴퓨팅 시스템은 크게 하드웨어와 소프트웨어로 구성

```
            컴퓨팅 시스템
         ┌──────┴──────┐
      하드웨어        소프트웨어
```

하드웨어	소프트웨어
컴퓨팅 시스템을 구성하는 물리적인 기계 장치	하드웨어의 작동을 제어하고 지시하는 역할을 하는 명령어들의 집합

2. 하드웨어(hardware)
❶ **입력 장치:** 사용자나 주변 환경으로부터 자료나 정보 및 프로그램을 입력받을 수 있는 장치
  예 키보드, 마우스, 터치스크린, 초음파 센서, 온습도 센서, 리모컨 등
❷ **기억 장치:** 입력된 자료나 정보 및 프로그램이 저장되는 공간

예 주기억 장치(RAM), 보조 기억 장치(플래시 메모리, 하드 디스크, USB 메모리 등)

Tip 주기억 장치
실행 중인 프로그램과 자료를 저장하기 위한 공간으로 컴퓨터의 전원이 꺼지면 기억된 내용도 삭제됨

Tip 보조 기억 장치
• 오랜 기간 프로그램이나 자료를 저장하기 위한 비휘발성 저장 공간
• 주기억 장치보다 속도는 느리지만, 가격이 저렴하고, 많은 양을 저장할 수 있다는 장점이 있음

❸ **처리 장치:** 명령을 실제 처리하는 장치로, 주기억 장치에 저장된 프로그램과 자료를 처리함
예 중앙 처리 장치, 그래픽 가속 처리기 등

❹ **출력 장치:** 중앙 처리 장치(CPU)가 처리한 결과를 다양한 형태로 사용자에게 표시함
예 모니터, 3D 프린터, 모터, LED, 스피커 등

3. 소프트웨어(software)

❶ **시스템 소프트웨어:** 사용자가 하드웨어와 응용 소프트웨어를 효율적으로 사용할 수 있도록 도와주는 소프트웨어
예 운영 체제, 유틸리티 등

Tip 운영 체제
컴퓨팅 시스템의 하드웨어 자원을 효율적으로 관리하고, 사용자가 쉽고 편리하게 하드웨어를 제어할 수 있도록 도와주는 시스템 소프트웨어

❷ **응용 소프트웨어:** 사용자의 목적에 따라 제작된 소프트웨어
• 문서 작성 소프트웨어(워드프로세서): 문서를 작성 및 편집하기 위한 소프트웨어
• 멀티미디어 소프트웨어(동영상 편집 및 프로그램): 사진, 동영상, 소리 편집 등을 하기 위한 소프트웨어
• 수식 계산 소프트웨어(스프레드시트): 복잡하거나 많은 양의 자료를 계산하고, 처리하기 위한 소프트웨어
• 자료 관리 소프트웨어(데이터베이스): 많은 양의 자료를 조직적으로 통합하고 효율적으로 관리해 주기 위한 소프트웨어

4. 컴퓨팅 시스템의 동작 과정

❶ 컴퓨팅 시스템은 입력 장치로부터 입력된 명령과 자료를 주기억 장치에 기억

❷ 중앙 처리 장치는 기억 장치에 기억된 내용을 불러와 처리

❸ 처리된 결과는 다시 기억 장치에 기억된 후 출력 장치를 통해 표시

❹ 운영 체제는 컴퓨팅 시스템 전체의 동작 과정을 제어하고 관리

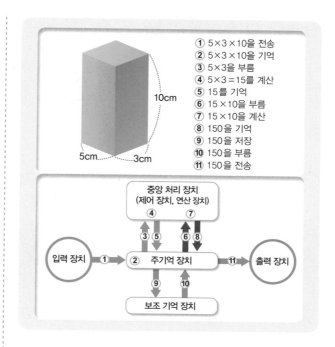

① 5×3×10을 전송
② 5×3×10을 기억
③ 5×3을 부름
④ 5×3=15를 계산
⑤ 15를 기억
⑥ 15×10을 부름
⑦ 15×10을 계산
⑧ 150을 기억
⑨ 150을 저장
⑩ 150을 부름
⑪ 150을 전송

③ 하드웨어와 소프트웨어는 서로 어떻게 작동할까

1. 하드웨어와 소프트웨어 작동 원리

❶ 컴퓨팅 시스템에서 하드웨어와 소프트웨어는 상호 보완 관계

❷ 하드웨어 없이 소프트웨어가 작동할 수 없으며, 소프트웨어도 하드웨어 없이 작동할 수 없음

❸ 스마트폰에서 스마트폰 기계 자체는 하드웨어이고, 하드웨어를 동작시키기 위한 앱(app)은 소프트웨어임

스마트폰의 하드웨어와 소프트웨어의 작동 원리

컴퓨팅 시스템의 하드웨어와 응용 소프트웨어에서 이루어지는 모든 과정은 운영 체제(시스템 소프트웨어)에 의해 제어·관리됨
예 스마트폰의 사진 저장 과정을 통해 하드웨어와 소프트웨어의 작동 원리를 알아보기

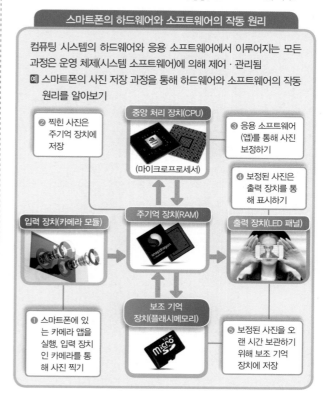

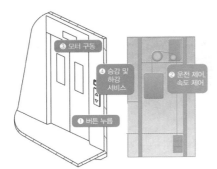

하드웨어 요소
• 버튼
• 승강기(엘리베이터)
• 승강기 모터
• 자동문

소프트웨어 요소
• 운전 제어 소프트웨어
• 속도 제어 소프트웨어
• 자동문 제어 소프트웨어

✓ 점검하기

❶ ☐☐☐는 빠르고 정확하게 수치를 계산하기 위해 개발된 것이다.

❷ ☐☐☐ ☐☐☐이란 실생활의 문제를 효율적으로 해결하기 위한 컴퓨터의 ☐☐☐☐와 ☐☐☐☐☐로 이루어져 있는 시스템이다.

❸ ☐☐☐☐는 컴퓨팅 시스템을 구성하는 물리적인 기계 장치이다.

❹ 하드웨어는 크게 ☐☐ ☐☐, ☐☐ ☐☐, ☐☐ ☐☐, ☐☐ ☐☐ 등으로 구성된다.

❺ ☐☐☐☐☐는 하드웨어의 작동을 제어하고 지시하는 역할을 수행한다.

❻ 소프트웨어는 ☐☐☐ ☐☐☐☐☐와 ☐☐ ☐☐ ☐☐☐로 나뉜다.

| 정답 | ❶ 컴퓨터 ❷ 컴퓨팅 시스템, 하드웨어, 소프트웨어 ❸ 하드웨어 ❹ 입력 장치, 출력 장치, 처리 장치, 기억 장치 ❺ 소프트웨어 ❻ 시스템 소프트웨어, 응용 소프트웨어

MEMO

중단원 핵심 문제

01 다음 중 컴퓨터에 대한 설명으로 바르지 못한 것은?

① 컴퓨터는 점점 더 대형화되고 있다.
② 컴퓨터는 다기능으로 발전하고 있다.
③ 오늘날 컴퓨팅 시스템으로 발전하게 되었다.
④ 처음에는 빠르고 정확하게 수치를 계산하기 위해 개발했다.
⑤ 초창기 컴퓨터는 애니악으로 무게가 약 30t가량으로 일반인들이 사용하기에는 한계가 있었다.

02 컴퓨팅 시스템이 적용된 사물로 보기 어려운 것은?

① 냉장고 ② 스마트폰
③ 에어컨 ④ 승강기
⑤ 주판

03 하드웨어를 구성하는 장치로 바르지 못한 것은?

① 입력 장치 ② 출력 장치
③ 기억 장치 ④ 처리 장치
⑤ 통제 장치

04 다음 중 입력 장치에 해당하는 것은?

① 모니터 ② 마우스
③ 프린터 ④ CPU
⑤ LED

05 다음 ㉠에 들어갈 용어로 옳은 것은?

> (㉠)는 실행 중인 프로그램이나 자료를 일시적으로 기억하는 장치이며, 램(RAM)으로 구성되어 있다.

① 처리 장치 ② 출력 장치
③ 입력 장치 ④ 주기억 장치
⑤ 보조 기억 장치

06 보기 에서 설명하는 입력 장치는?

> **보기**
> 사람의 지문이나 홍채와 같은 정보를 읽어 들이는 장치이다.

① 리모컨 ② 모니터
③ 초음파 센서 ④ 온습도 센서
⑤ 생체 인식 장치

07 처리 장치에 대한 설명으로 바르지 못한 것은?

① 명령을 실제로 처리하는 장치이다.
② 디지털 연산을 하는 연산 장치가 있다.
③ 각 장치를 관리하고 통제하는 통신 장치가 있다.
④ 중앙 처리 장치와 그래픽 가속 처리기 등이 있다.
⑤ 주기억 장치에 저장된 프로그램과 데이터를 처리한다.

08 보기 에서 설명하는 소프트웨어는?

> **보기**
> 사용자가 하드웨어와 응용 소프트웨어를 효율적으로 사용할 수 있도록 돕는 시스템 소프트웨어를 말한다.

① 엑셀 ② 운영 체제
③ 파워포인트 ④ 워드프로세서
⑤ 동영상 편집 프로그램

09 보기 는 하드웨어, 소프트웨어, 사용자 간의 관계를 나타낸 그림이다. ㉠에 들어갈 알맞은 말은?

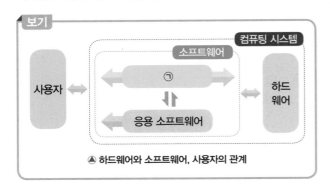

① 운영 체제
② 출력 장치
③ 주기억 장치
④ 스프레드시트
⑤ 워드프로세서

10 보기 는 컴퓨팅 시스템의 동작 과정을 정리한 내용이다. ㉠~㉢에 들어갈 장치를 써 넣으시오.

보기

컴퓨팅 시스템은 (㉠)로부터 입력된 명령과 자료를 주기억 장치에 기억시킨다. (㉡)는 기억 장치에 기억된 내용을 불러와 처리한다. 처리된 결과는 다시 기억 장치에 기억된 후 (㉢)를 통해 표시한다. 그리고 운영 체제는 컴퓨팅 시스템 전체의 동작 과정을 제어하고 관리한다.

㉠: (   )
㉡: (   )
㉢: (   )

11 운영 체제에 대한 설명으로 바르지 못한 것은?

① 운영 체제는 소프트웨어에 속한다.
② 운영 체제는 하드웨어 없이도 작동이 가능하다.
③ 운영 체제에는 윈도, 안드로이드, IOS 등이 있다.
④ 운영 체제는 하드웨어 자원을 효율적으로 관리한다.
⑤ 운영 체제는 사용자가 쉽고 편리하게 하드웨어를 제어할 수 있도록 한다.

12 보기 는 스마트폰으로 사진을 찍어 보정하기까지 하드웨어와 소프트웨어의 작동 원리에 대한 설명이다. 처리 과정을 순서대로 바르게 연결한 것은?

보기

㉠ 스마트폰의 카메라 앱을 실행, 입력 장치인 카메라를 통해 사진을 찍는다.
㉡ 보정된 사진을 보관하기 위해 보조 기억 장치에 저장한다.
㉢ 찍힌 사진은 주기억 장치에 저장된다.
㉣ 응용 소프트웨어를 통해 사진을 보정한다.
㉤ 보정된 사진은 출력 장치를 통해 표시된다.

① ㉠ - ㉡ - ㉢ - ㉣ - ㉤
② ㉠ - ㉤ - ㉢ - ㉣ - ㉡
③ ㉠ - ㉢ - ㉡ - ㉣ - ㉤
④ ㉠ - ㉢ - ㉣ - ㉤ - ㉡
⑤ ㉠ - ㉣ - ㉢ - ㉤ - ㉡

13 보기 는 컴퓨팅 시스템이 적용된 세탁기의 하드웨어 작동 원리를 나타낸 것이다. 컴퓨팅 시스템의 구성 요소인 하드웨어 중 ㉣에 해당하는 것은 무엇인가?

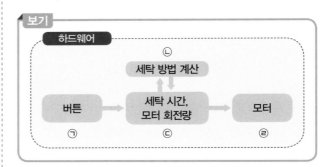

① 입력 장치
② 출력 장치
③ 기억 장치
④ 통제 장치
⑤ 통신 장치

피지컬 컴퓨팅 시스템의 이해

① 피지컬 컴퓨팅 시스템이란 무엇일까

1. 피지컬 컴퓨팅 시스템

다양한 센서를 통해 주변 환경의 상태를 감지하여 입력하고, 마이크로컨트롤러에 의해 주어진 조건을 처리하며, 처리된 결과를 LED, 버저, 모터 등에 의해 표현하는 시스템

▲ 피지컬 컴퓨팅 시스템의 원리

Tip 센서
외부에서 발생한 신호를 수집하는 장치로 빛 센서, 온도 센서, 초음파 센서 등이 있음

Tip 마이크로컨트롤러
데이터를 입력받아 주어진 작업을 처리해 주는 작은 컴퓨터

2. 사례를 통해 보는 피지컬 컴퓨팅 시스템

❶ 디지털 도어록에 적용된 피지컬 컴퓨팅 시스템의 작동 원리
- 집에 들어가기 위해 입력 장치(버튼)를 눌러 번호를 입력 → 처리 장치(마이크로컨트롤러)가 입력된 비밀번호와 저장된 비밀번호의 일치 여부를 확인 → 번호 일치 여부에 따라 출력 장치인 모터(액추에이터)를 작동

Tip 액추에이터
디지털 또는 아날로그 신호를 이용해 특정 기능을 작동, 즉 출력시키는 전자 부품

Tip 사람의 감각 기관과 센서의 비교

사람의 기관	사람의 감각	센서
눈	시각	빛 센서
귀	청각	소리 센서
피부	촉각	진동 센서 온도 센서 압력 센서
코	후각	냄새 센서

❷ 다양한 피지컬 컴퓨팅 시스템
- 현관 자동 출입 시스템: 허가된 사람만 건물에 출입할 수 있도록 한 시스템
- 스마트 방범: 도둑이 집에 침입하면 스마트폰과 보안 업체에 바로 연락하여 범죄를 예방
- 스마트 가로등: 주변의 밝기와 차량, 사람의 움직임 등을 감지하여 조도나 동작을 자동 또는 원격으로 제어

❸ 피지컬 컴퓨팅 작품 사례

◀ 미로 찾기 게임: 버튼을 활용하여 모터를 제어하여 공을 탈출시킴

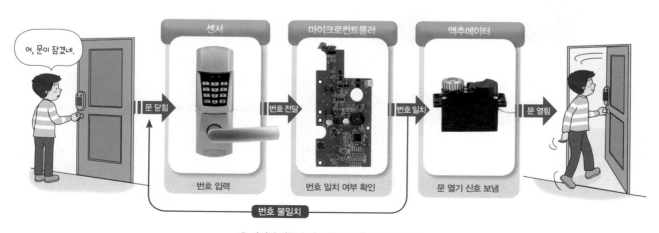

▲ 피지컬 컴퓨팅 시스템의 사례(디지털 도어록)

◀ 보드게임: 사용자의 위치를 LED를 통해 보여 줌

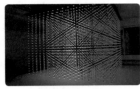

◀ 미디어 아트: LED를 통해 다양한 모습을 연출

◀ 날씨 알리미: 외부 온도를 LED 창을 통해 실시간으로 확인

② 피지컬 컴퓨팅 시스템을 만들기 위해 무엇이 필요할까

1. 피지컬 컴퓨팅 시스템을 구축하기 위한 하드웨어 환경

❶ **입력:** 초음파 센서, 온습도 센서, 버튼, 빛 센서 등의 센서로 구성

❷ **처리:** 마이크로비트, 아두이노 등의 마이크로컨트롤러로 구성

❸ **출력:** 버저, LED, 모터 등의 액추에이터로 구성

입력(센서)

초음파 센서	온습도 센서
버튼	빛 센서

Tip 센서가 사용되는 곳
- 빛 센서: 광마우스, 센서등, 자동차 전조등, 스마트폰 등에서 사용
- 소리 센서: 마이크, 음향 장비, 음성 인식 등에서 사용
- 온도 센서: 기상 관측, 냉온풍기의 실내 온도 자동 조절 등에서 사용
- 초음파 센서: 자동문, 방범 장치 등에서 사용
- 버튼 센서: 리모컨, 선풍기, 키보드 등에서 사용

처리(마이크로컨트롤러)

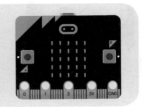

출력(액추에이터)

버저	8×8 LED
RGB LED 모듈	LED

Tip 액추에이터의 종류
- LED: 빛으로 처리 결과를 출력
- 버저: 소리를 통해 처리 결과를 출력
- 모터: 모터의 회전을 통해 처리 결과를 출력

2. 센서의 종류

❶ **빛 센서:** 주변의 밝고 어두움을 감지하여 주변 밝기를 측정하고 수치 값으로 전달

❷ **소리 센서:** 주변의 소리를 측정하여 소리의 크기를 수치 값으로 전달

❸ **온도 센서:** 주변의 온도를 측정하여 온도를 수치 값으로 전달

❹ **초음파 센서:** 센서에서 물체까지의 거리를 측정하여 수치 값으로 전달

❺ **버튼 센서:** 버튼의 누름에 따라 저항 값이 변하는 특징

3. 피지컬 컴퓨팅 시스템을 구축하기 위한 소프트웨어 개발 환경

하드웨어의 구성에 따라 소프트웨어의 개발 환경을 선택하여 구성

블록 기반 프로그래밍 — 스크래치 X

아두이노, 마이크로비트(맥용) 개발 환경 제공

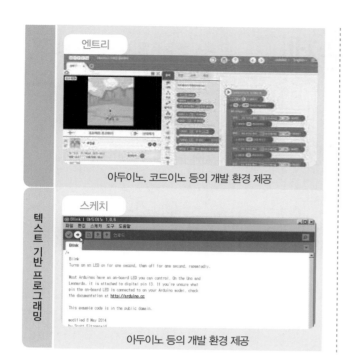

엔트리
아두이노, 코드이노 등의 개발 환경 제공

텍스트 기반 프로그래밍

스케치
아두이노 등의 개발 환경 제공

✅ **점검**하기

❶ ☐☐☐☐ ☐☐☐☐ ☐☐☐이란 다양한 센서를 통해 주변 환경 상태를 감지하고, 마이크로컨트롤러에 의해 주어진 조건을 처리하며, 처리된 결과를 LED, 버저, 모터 등에 의해 표현하는 시스템을 말한다.

❷ ☐☐는 외부에서 발생한 신호를 수집하는 장치로 빛 센서, 온도 센서, 초음파 센서 등이 있다.

❸ ☐☐☐☐☐☐☐☐☐란 데이터를 입력받아 주어진 일을 처리해 주는 작은 컴퓨터이다.

❹ ☐☐☐☐☐☐는 디지털 또는 아날로그 신호를 이용해 특정 기능을 작동시키는 전자 부품이다.

❺ ☐☐☐ ☐☐는 센서에서 물체까지의 거리를 측정하여 수치 값으로 전달한다.

| 정답 | ❶ 피지컬 컴퓨팅 시스템 ❷ 센서 ❸ 마이크로컨트롤러 ❹ 액추에이터 ❺ 초음파 센서

하나 더 알기   마이크로비트 사용하기

❶ 마이크로비트 하드웨어 환경

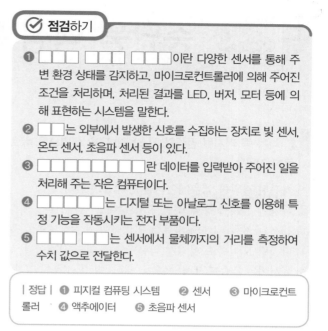

❷ 마이크로비트 소프트웨어 환경

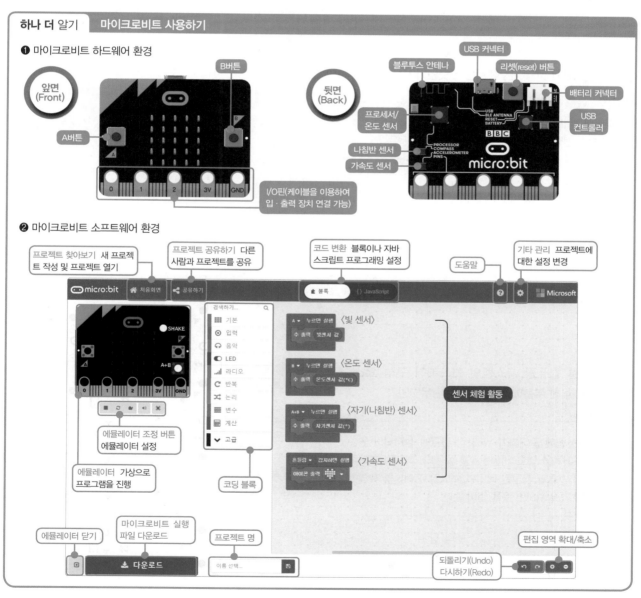

01 다음 중 피지컬 컴퓨팅 시스템에 대한 설명으로 바르지 못한 것은?

① 처리된 결과를 액추에이터를 통해 표현한다.
② 다양한 센서를 통해 주변 환경 상태를 감지한다.
③ 센서는 가상 세계의 자료를 입력받아 표현해 준다.
④ 디지털 도어록도 피지컬 컴퓨팅 시스템의 사례이다.
⑤ 센서에는 온습도 센서, 초음파 센서, 빛 센서 등이 있다.

02 보기 에서 설명하는 센서는 무엇인가?

보기
　주변의 밝고 어두움을 감지하여 주변 밝기를 측정하고 수치 값으로 전달하며, 광마우스, 센서등 등에 사용된다.

① 빛 센서　　　　　② 온도 센서
③ 습도 센서　　　　④ 버튼 센서
⑤ 초음파 센서

03 피지컬 컴퓨팅 시스템의 하드웨어 구성 요소 중 보기 의 밑줄 친 부분에 해당하는 것은 무엇인가?

보기
　준혁이는 집에 들어가기 위해 집 현관에 설치되어 있는 디지털 도어록을 열고 비밀번호를 눌렀다. 디지털 도어록은 눌러진 번호와 저장된 비밀번호의 일치 여부를 확인하여 두 번호가 일치하면 문을 열어 준다.

① 입력 장치　　　　② 출력 장치
③ 처리 장치　　　　④ 저장 장치
⑤ 통신 장치

04 다음 중 출력 장치에 해당하지 않는 것은?

① 모터　　　　　　② 버저
③ LED　　　　　　④ 스피커
⑤ 빛 센서

05 보기 는 피지컬 컴퓨팅 시스템의 원리를 그림으로 나타낸 것이다. ㉠에 들어갈 용어로 알맞은 것은?

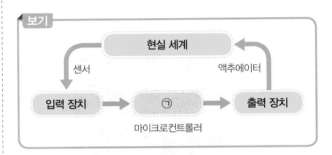

① 입력 장치　　　　② 출력 장치
③ 처리 장치　　　　④ 통제 장치
⑤ 기억 장치

06 보기 에서 밑줄 친 부분을 측정하기 위해 필요한 센서는 무엇일까?

보기
　윤현이는 가족들과 함께 며칠 동안 여행을 떠날 계획이다. 그 기간 동안 윤현이가 키우고 있는 화분에 물을 자동으로 주게 하는 피지컬 컴퓨팅 시스템을 구현하고 싶다. 화분의 흙이 건조해지면 자동으로 물이 나오게 하고 싶다.

① 빛 센서　　　　　② 온도 센서
③ 습도 센서　　　　④ 버튼 센서
⑤ 초음파 센서

07 보기 는 마이크로비트에서 프로그램을 실행하기 위한 프로그래밍 진행 과정을 나타낸 것이다. 진행 과정을 순서대로 바르게 연결한 것은?

보기
- ㉠ 내 컴퓨터에 다운로드
- ㉡ HEX 파일을 마이크로비트에 복사
- ㉢ 문제 해결을 위한 프로그래밍
- ㉣ HEX 파일 생성
- ㉤ 마이크로비트 코드 실행

① ㉠ − ㉡ − ㉢ − ㉣ − ㉤
② ㉡ − ㉠ − ㉢ − ㉣ − ㉤
③ ㉢ − ㉣ − ㉠ − ㉡ − ㉤
④ ㉣ − ㉢ − ㉡ − ㉠ − ㉤
⑤ ㉢ − ㉣ − ㉠ − ㉡ − ㉤

08 다음 중 마이크로비트에 부착되어 있는 센서가 아닌 것은?

① 온도 센서　　　② 습도 센서
③ 버튼 센서　　　④ 나침반 센서
⑤ 가속도 센서

09 마이크로비트에 들어있는 센서 중 보기 에서 설명하는 센서는 무엇인가?

보기
흔들림 등의 움직임을 감지할 수 있는 센서이다.

① 빛 센서　　　② 온도 센서
③ 버튼 센서　　　④ 나침반 센서
⑤ 가속도 센서

10 보기 의 밑줄 친 문제를 해결하려면 마이크로비트의 하드웨어 중 어느 곳에 장치를 연결하면 되는가?

보기
마이크로비트로 디지털 도어록을 제작하고자 한다. 그러나 마이크로비트에는 출력 장치인 모터가 내장되지 않아 추가로 출력 장치를 구성하고자 한다.
어떻게 하면 추가로 모터를 설치하여 제어할 수 있을까?

① LED　　　② I/O핀
③ 빛 센서　　　④ 버튼 센서
⑤ 나침반 센서

11 다음 중 피지컬 컴퓨팅 시스템에서 입력 장치에 해당하는 것은?

① 버튼　　　② 모터
③ LED　　　④ 스피커
⑤ 마이크로컨트롤러

12 다음 조건을 만족시키기 위해 연산자를 바르게 표현한 것은?

현재의 온도 값이 30℃ 이상이고, 빛 값이 100 이상이다.

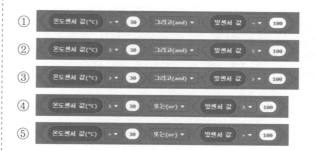

IV 컴퓨팅 시스템 ┃ 123

03 피지컬 컴퓨팅 시스템의 구현

프로젝트 1 주변 환경의 밝기에 따라 램프의 모양이 바뀌는 크리스마스 조명을 만들어 볼까?

문제 상황 며칠 남지 않은 크리스마스를 맞이하여 교실에 크리스마스 조명을 설치하고자 한다. 크리스마스 램프는 주변이 어두울 때는 밤으로 인식하여 'X' 표시로, 밝을 때는 낮으로 인식하여 '♥' 표시로 바뀌도록 연출할 계획이다. 어떻게 하면 주변 밝기에 따라 램프의 모양이 바뀌는 크리스마스 조명을 만들 수 있을까?

1. 현재 상태와 목표 상태

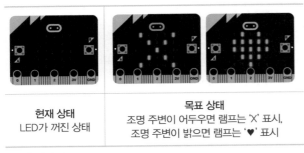

현재 상태	목표 상태
LED가 꺼진 상태	조명 주변이 어두우면 램프는 'X' 표시, 조명 주변이 밝으면 램프는 '♥' 표시

Tip 현재 상태
문제가 발생한 상태

Tip 목표 상태
문제가 해결된 상태

2. 수행 작업

❶ 빛 센서를 통해 주변 밝기 상태 확인

❷ LED에 모양 출력

Tip 수행 작업
현재 상태에서 목표 상태로 변화시키는 과정

3. 핵심 요소 추출

❶ 주변 밝기를 감지하여 어두울 때는 'X'를 표시

❷ 주변 밝기를 감지하여 밝을 때는 '♥'를 표시

Tip 핵심 요소 추출
문제 해결 과정에서 불필요한 요소를 찾아 제거하고 필요한 요소만 뽑아내는 것

4. 피지컬 시스템 구현(하드웨어)

❶ 입력 장치(센서): 빛 센서

❷ 출력 장치(액추에이터): LED

❸ 빛 센서 사용 명령어

명령어	설명
빛센서 값	빛 센서 값은 0~255 사이의 값을 입력받을 수 있음

5. 알고리즘 설계와 소프트웨어 구현

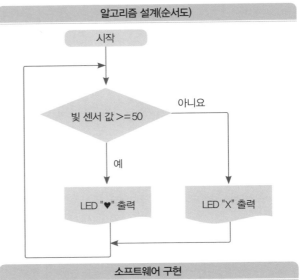

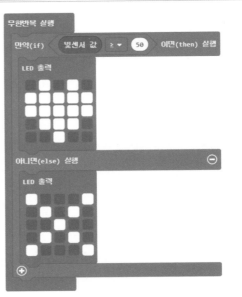

Tip 순서도

정해진 기호를 사용하여 알고리즘을 표현

기호	이름	의미
⬭	단말	순서도의 시작과 끝을 나타냄
▭	처리	입력받은 데이터나 여러 가지 연산을 처리
◇	조건	조건에 따라 흐름을 결정
▱	출력	처리 결과를 화면이나 종이에 출력
→	흐름선	명령의 흐름과 방향을 나타냄

프로젝트 2 주사위를 만들어 볼까?

문제 상황 주말 오후, 동생과 함께 주사위 게임을 하려고 하는데 주사위가 없다. 피지컬 컴퓨팅 시스템의 버튼을 누르면 1개에서 6개까지의 점으로 주사위를 표현하고자 한다. 어떻게 하면 주사위를 제작할 수 있을까?

1. 현재 상태와 목표 상태

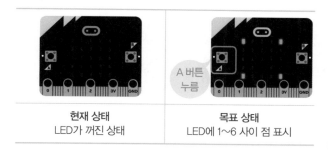

현재 상태	목표 상태
LED가 꺼진 상태	LED에 1~6 사이 점 표시

A 버튼 누름

2. 수행 작업과 핵심 요소 추출

수행 작업	핵심 요소 추출
① 버튼 센서 입력받기 ② LED 출력	① 점 1개, 점 2개, 점 3개, 점 4개, 점 5개, 점 6개 모양을 무작위로 표시

Tip 랜덤 선택

난수는 지정한 두 수 사이에서 선택된 임의의 값을 의미

Tip 프로그래밍별 난수 설정

(0) 부터 (10) 사이의 무작위 수	엔트리의 난수 설정
(1) 부터 (10) 사이의 난수	스크래치의 난수 설정
(0) 부터 (10) 까지의 정수 랜덤값	마이크로비트의 난수 설정

3. 피지컬 시스템 구현(하드웨어)

❶ 입력 장치(센서): 버튼 센서
❷ 출력 장치(액추에이터): LED
❸ 버튼 사용 명령어

Tip 버튼 센서 명령어

A ▾ 누르면 실행	A 버튼을 누르면 인식
B ▾ 누르면 실행	B 버튼을 누르면 인식
A+B ▾ 누르면 실행	A와 B 버튼을 함께 누르면 인식

4. 알고리즘 설계와 소프트웨어 구현

알고리즘 설계(순서도)

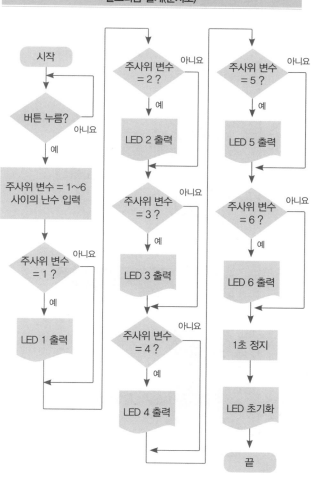

소프트웨어 구현

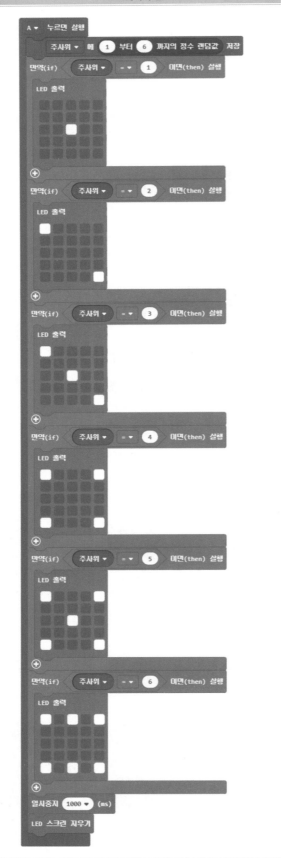

01 보기 의 문제를 해결하기 위해 필요한 센서는 무엇인가?

보기

지금은 정해진 시각에 따라 켜지고 꺼지는 가로등을 주변의 밝기에 따라 켜지고 꺼지게 만들고 싶다.

① 빛 센서　　　　② 습도 센서
③ 온도 센서　　　　④ 가속도 센서
⑤ 초음파 센서

02 다음 중 빛 센서의 값을 불러오기 위해 사용하는 명령어는?

03 빛 센서의 값이 '50 이상'일 때 하트(♥) 모양을 출력하는 소프트웨어를 만들고자 한다. 보기 의 ㉠에 들어갈 알맞은 명령어는?

보기

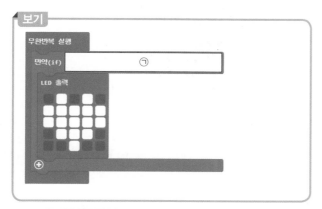

① 빛센서 값 = ▼ 50
② 빛센서 값 ≥ ▼ 50
③ 빛센서 값 > ▼ 50
④ 빛센서 값 ≤ ▼ 50
⑤ 빛센서 값 < ▼ 50

04 다음 중 'A 버튼'을 눌렀을 때 값을 1씩 증가시키는 소프트웨어를 바르게 만든 것은?

① A ▼ 누르면 실행
　　item ▼ 값 1 증가

② A ▼ 누르면 실행
　　item ▼ 에 0 저장

③ B ▼ 누르면 실행
　　item ▼ 에 0 저장

④ B ▼ 누르면 실행
　　item ▼ 값 1 증가

⑤ A+B ▼ 누르면 실행
　　item ▼ 값 1 증가

05 다음 명령어를 보고 온도가 '19℃'면 화면에 어떤 모양이 출력되는지 쓰시오.

보기

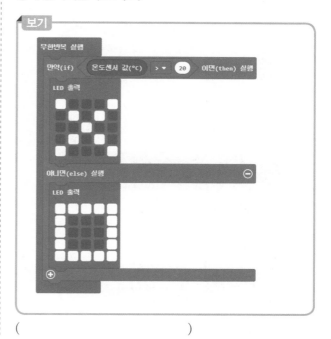

(　　　　　　　　　　　)

06 다음 명령어를 실행했을 때 출력되지 <u>않는</u> 값은?

보기

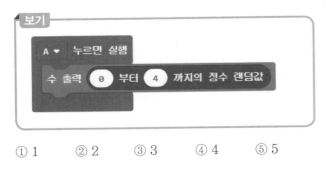

① 1 　　② 2 　　③ 3 　　④ 4 　　⑤ 5

07 흔들림을 감지하기 위해 ㉠에 들어갈 알맞은 명령어는?

① 흔들림 ▼ 감지하면 실행

② A ▼ 누르면 실행

③ 시작하면 실행

④ 무한반복 실행

⑤ P0 ▼ 연결(on)되면 실행

[07~08] 다음은 흔들었을 때 이를 감지하여 가위, 바위, 보를 표시하기 위해 제작한 소프트웨어이다. 물음에 답하시오.

보기

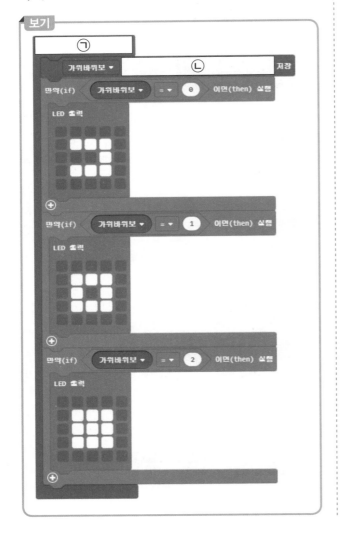

08 가위, 바위, 보를 랜덤으로 출력하기 위해 ㉡에 들어갈 알맞은 명령어는?

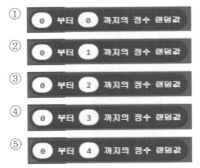

① 0 부터 0 까지의 정수 랜덤값

② 0 부터 1 까지의 정수 랜덤값

③ 0 부터 2 까지의 정수 랜덤값

④ 0 부터 3 까지의 정수 랜덤값

⑤ 0 부터 4 까지의 정수 랜덤값

대단원 종합 문제

01 보기 에서 설명하는 용어를 쓰시오.

> **보기**
>
> 실생활의 문제를 효율적으로 해결하기 위한 컴퓨터의 하드웨어와 소프트웨어로 이루어져 있는 시스템

(   )

02 다음 중 입력 장치에 해당하지 <u>않는</u> 것은?

① SSD
② 마우스
③ 키보드
④ 온습도 센서
⑤ 생체 인식 장치

03 컴퓨팅 시스템의 구성 요소를 다음과 같이 구조화하였을 때, ㉠~㉣에 들어갈 용어를 쓰시오.

㉠: (   )   ㉡: (   )
㉢: (   )   ㉣: (   )

04 프로그램이나 자료를 장기간 보관하기 위해 사용되는 장치는 무엇인가?

① 입력 장치
② 출력 장치
③ 처리 장치
④ 보조 기억 장치
⑤ 주기억 장치

05 보기 의 문제를 해결하기 위해 필요한 소프트웨어는?

> **보기**
>
> 지은이는 수업 시간에 발표를 준비하기 위해 프레젠테이션을 만들어야 한다.

① 하드웨어
② 운영 체제
③ 처리 장치
④ 응용 소프트웨어
⑤ 시스템 소프트웨어

06 피지컬 컴퓨팅의 구성 요소 중 보기 에서 설명하는 것은 무엇인가?

> **보기**
>
> 데이터를 입력받아 주어진 일을 처리해 주는 작은 컴퓨터를 말한다.

① 센서
② 입력 장치
③ 출력 장치
④ 액추에이터
⑤ 마이크로컨트롤러

07 피지컬 컴퓨팅 시스템의 개발 환경 중 보기 에서 설명하는 것은 무엇인가?

보기

아두이노 개발 환경을 제공하는 텍스트형 프로그래밍 언어를 말한다.

① 스케치
② 엔트리
③ 스크래치
④ 앱인벤터
⑤ 스크래치X

08 보기 의 밑줄 친 부분에 사용된 센서는 무엇인가?

보기

피지컬 컴퓨팅 시스템이 구현된 자동문의 경우 사람이 다가오면 이를 감지하여 문을 자동으로 열어 준다.

① 빛 센서
② 습도 센서
③ 온도 센서
④ 초음파 센서
⑤ 가속도 센서

09 보기 의 명령어가 무엇을 나타내고 있는지 설명하시오.

보기

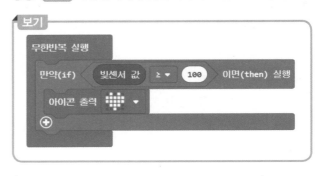

(   )

10 다음은 스마트 화분을 제작하기 위한 내용이다. 밑줄 친 부분을 프로그래밍으로 바르게 표현한 것은?

화분의 물을 주는 시기를 알려 주는 스마트 화분을 제작하고자 한다. 물을 주는 시기는 습도 값이 30 이하이거나 빛 값이 100 이상일 때 물을 주는 알람을 울리게 한다.

수행평가 활동

수행 활동지 ①	컴퓨팅 시스템을 활용하여 전기 절약하기
단원	**Ⅳ. 컴퓨팅 시스템** 02. 피지컬 컴퓨팅 시스템의 이해
활동 목표	컴퓨팅 시스템을 활용하여 전기를 절약할 수 있다.

◉ 다음 기사를 읽고 우리 주변에서 센서를 통해 전기를 절약할 수 있는 방법에는 무엇이 있는지 생각해 보자.

> ## "블랙아웃(대규모 정전 사태) 가능성은?"
>
> 전력 수급 불안으로 인한 블랙아웃 가능성이 언급되며 2011년 블랙아웃 사태가 주목받고 있다. 정부는 블랙아웃의 위험성이 커지는 시기를 지금부터로 보고 있다. 휴가를 마친 기업들이 조업에 복귀하는 시기이기 때문이다. 이미 기록적인 폭염으로 인해 올여름 예상치였던 전기 사용 예상량 8천 750만KW를 훌쩍 넘는 전기가 사용된 바 있다. 지난달 24일 오후 3시에는 9천 161.6만KW라는 최대 전력 수요량을 기록했다. 이로 인해 공급 예비력은 709.2만KW로 최저를 기록했다.
>
> 〈출처〉 국제뉴스, 2018. 8. 6.

1. 대상 제품:

2. 사용 센서:

3. 알고리즘

알고리즘(순서도) 작성	전기를 절약하는 방법 설명

수행평가 활동

| 정답 & 예시답 | 166쪽

수행 활동지 ❷	웨어러블 컴퓨팅 시스템 제작하기
단원	Ⅳ. 컴퓨팅 시스템 　03. 피지컬 컴퓨팅 시스템의 구현
활동 목표	피지컬 컴퓨팅 시스템을 활용하여 하루 운동량을 체크할 수 있다.

◎ 다음 신문기사를 읽고 하루 운동량을 체크할 수 있는 웨어러블 피지컬 컴퓨팅 시스템을 제작해 보자. 또한 운동량이 10점이 되면, 하루 운동량을 달성한 것으로 보고 '♥'를 표시해 보자.

> 지난해 교육부 조사 결과 주 1회 이상 패스트푸드를 먹는 비율은 초등학생 64.6%, 중학생 76.1%, 고교생 77.9% 순으로 상당히 높게 나타났다. 이처럼 청소년들은 높은 열량을 섭취하고 있지만 치열한 입시로 인해 운동은 전혀 하고 있지 않고 있었다. 지난달 한 시민 단체의 설문 조사 결과 초·중·고등학교 학생 10명 중 3명은 학교 체육시간을 제외하고 운동을 전혀 하지 않는 것으로 나타났다.
> 식습관과 운동 부족은 청소년 비만으로 이어져 이미 심각한 사회 문제로 떠오른 상황이다. 우리나라의 5~17세 아동·청소년의 과체중 및 비만율은 남녀 각각 25%, 20%로 경제협력개발기구(OECD) 평균을 넘어 조사 대상 40개국 중 상위 12위에 달한다.　　〈출처〉 세계일보, "아이 살은 키로 간다고? 킬로(kg)로 가더라"…OECD 청소년 비만 12위 한국, 2017. 10. 11.

1. 현재 상태와 목표 상태
   ❶ 현재 상태:
   ❷ 목표 상태:

2. 수행 작업

3. 핵심 요소 추출

4. 피지컬 시스템 구현(하드웨어)
   ❶ 입력 장치(센서):　　　　　　　　　　　　　❷ 출력 장치(액추에이터):

5. 피지컬 시스템 구현(소프트웨어)

MEMO

정답과 해설

Ⅰ 정보 문화

01 정보 사회와 소프트웨어 ~
02 정보 사회와 진로 탐색

중단원 핵심 문제
본문 008쪽

01 ④	02 ⑤	03 ③	04 ④	05 ②
06 ④	07 ③	08 ③	09 ④	10 ②
11 ⑤	12 ②			

01 정보 사회는 정보가 중심이 되고 정보의 생산, 처리, 저장, 공유 등에 가치를 두는 사회를 말한다. 정보 사회는 탈공업화로 개개인의 요구에 맞춘 소량 생산이 주를 이루게 된다.

02 2D 프린터가 활자나 그림을 인쇄하듯 3차원 도면을 바탕으로 입체 물품을 만들어 내는 3D 프린팅은 비교적 쉽게 맞춤형 제품을 생산할 수 있는 정보 기술 중 하나이다.

03 클라우드는 인터넷과 연결된 서버에 자료를 저장해 놓은 후 인터넷을 통해 언제 어디서나 그 자료를 사용할 수 있는 정보 기술이다.

04 사물에 센서를 부착하여 인터넷을 통해 상호작용할 수 있도록 하는 것은 사물 인터넷 기술이다. 또한 지능 정보 사회에서는 수집된 데이터를 클라우드에 저장하여 인터넷이 가능한 곳이라면 언제 어디서나 사용 가능하며, 수많은 장치로부터 수집되는 빅데이터를 분석하고 인공 지능을 통해 학습하여 새로운 가치를 창출한다.

05 사이버 학습과 디지털 교과서는 가정에서 자기 주도적 학습이 가능하고, 필요한 교육 자료를 제공받을 수 있도록 교육 분야를 변화시켰다.

06 정보 사회가 발달할수록 단순 반복적인 작업들은 컴퓨터나 로봇이 대신하게 될 것이며, 인공 지능의 활용으로 사람의 간섭이 줄어들게 될 것이다. 또한 다품종 소량 생산 형태로 산업이 발전될 것이며, 모든 분야에 정보 기술이 접목되어 사용되고 인간은 창조적인 일에 집중하게 될 것이다.

07 정보 사회에서 단순한 작업은 대부분 정보 기기 혹은 인공 지능으로 처리된다. 검침원은 스마트 계량기, 운전기사는 자율 주행 자동차, 마트 계산원은 무인 결제 시스템으로 대체될 가능성이 높다.

08 정보 사회에서 나타나는 직업의 특성으로는 공유, 소통, 창의력, 공간과 시간의 제약을 극복하는 것 등을 들 수 있다. 그 중 새롭고, 독창적이고, 유용한 것을 만들어 내는 능력은 창의력이다.

09 소프트웨어의 발전으로 같은 직업이라 하더라도 앞으로 미래 역량에서는 정보 기술이 접목되어 새로운 역량이 필요하게 될 것이다. 따라서 정보 기술이 직업을 어떻게 변화시키는지 예측해 보고 그에 맞는 역량을 찾아 길러야 한다.

10 지능 정보 사회 구현을 위한 지능 정보 기술은 인간의 고차원적 정보 처리 활동을 구현하는 인공 지능 기술과 이의 근간이 되는 ICBM(Iot, Cloud, Big Data, Mobile), 즉 데이터 수집 분석 활용 기술이 필요하다.

11 상품의 이동 및 재고 관리를 담당하는 로봇 키바를 통해 정보 사회에서 단순 반복적인 일을 로봇 또는 소프트웨어가 대체하고 있음을 확인할 수 있다.

12 빅데이터 전문가는 대량의 데이터를 수집, 저장, 분석, 시각화하여 유의미한 정보를 추출하고, 이를 통해 사람의 행동 패턴이나 경제 상황 등을 예측한다.

03 개인 정보 보호 실천

중단원 핵심 문제
본문 012쪽

01 ①	02 ③	03 ⑤	04 ②
05 문자 메시지(SMS)	06 ③	07 ④	
08 아이핀(i-PIN)	09 ④	10 개인정보분쟁	
조정위원회	11 ①	12 ②	

01 살아있는 사람에 대한 정보가 개인 정보이다.

02 홍채는 눈과 관련된 신체적 정보이다. 사람의 홍채는 생후 18개월 이후 완성된 뒤, 평생 변하지 않으며, 사람마다 모양이 모두 다르기 때문에 개인 식별 수단으로 사용할 수 있다.

03 개인 정보가 유출되면 사생활이 침해당하고 정신적 · 금

전적 피해를 입을 수 있다.

04 정보 사회가 발달하면서 웹 사이트 검색 내역이나 물품 구매 내역, IP 주소, GPS 등에 의한 위치 정보, 유전자 정보 등 그 이전에는 개인 정보로 여기지 않았던 것들도 개인 정보로 다루어지고 있다.

05 스미싱은 문자 메시지(SMS)를 이용한 방법이다.

06 개인 정보 유출을 방지하기 위해 사이트 가입 시, 이용 약관을 꼼꼼히 읽고 필수 정보와 선택 정보를 확인한 후 필수 정보에만 체크한다.

07 가까운 사람에게도 개인 정보를 알려 줘서는 안 된다. 개인 정보 유출 시 정신적·금전적 피해를 입을 수 있으므로, 신중히 관리해야 한다.

08 아이핀(i-PIN)은 '인터넷 개인 식별 번호'(Internet Personal Identification Number)의 약자로 주민 등록 번호 대신 인터넷상에서 신분을 확인하는 데 쓰인다. 기존 주민 등록 번호로 실명을 인증하는 것과 비슷한데 웹 사이트마다 일일이 실명과 주민 등록 번호를 입력하는 불편함을 덜기 위해 고안되었다.

09 백신 소프트웨어를 설치해야 악성코드 감염을 막을 수 있다.

10 개인정보분쟁조정위원회는 개인 정보가 유출되어 피해가 발생했을 때 도움을 받을 수 있는 곳이다.

11 인터넷 게시판에 작성하는 부정적인 유언비어는 사이버 폭력에 해당한다.

12 개인정보침해에 대한 신고는 한국인터넷진흥원의 개인 정보침해신고센터로 신고가 이루어져야 하며, 개인정보보호 종합포털, 사이버경찰청 등의 사이트에서도 모두 한국인터넷 진흥원의 개인정보침해신고센터로 연결된다.

04 저작물의 올바른 이용

중단원 핵심 문제
📱🖥 본문 018쪽

01 ③	**02** ③	**03** ⑤	**04** ③	**05** ④
06 ④	**07** ②	**08** ⑤	**09** 해설 참조	
10 ④	**11** ⑤	**12** 저작물 이용 허락 표시(CCL)		

01 저작권은 기본적으로 소유권과 관계없이 행사될 수 있고, 소유권은 저작권과 관계없이 행사된다.
예를 들어 비용을 지불한 사진에 대한 소유권은 고객에게 있으나, 사진에 대한 저작권은 사진을 찍은 사람에게 있다.

02 다른 사람의 저작물을 이용하고자 할 때는 그 목적이 공적인 것이라 할지라도 저작권자의 동의를 구해야 한다.

03 개인의 저작물은 사후 70년까지 보호받으며, 단체인 경우 공표한 다음해부터 70년까지 보호받는다.

04 조선시대 유물인 청화백자와 사실의 전달에 불과한 시사 보도는 저작권을 보호받지 못한다.

05 정보 사회에서 컴퓨터나 스마트폰 등의 디지털 기기를 사용하여 만든 저작물을 디지털 저작물이라고 한다.

06 카피레프트는 1984년 MIT 연구원이었던 리처드 스톨만(Richard M. Stallman)이 컴퓨터 소프트웨어의 상업화에 반대하면서 시작된 운동이다. 카피라이트가 저작권의 재산적 가치와 그 보호에 치중한 반면 카피레프트는 저작권 공유를 통해 누구나 새로운 지식에 접근하고 활용할 수 있도록 하였다.

07 상업적 이용은 허가되었으며, 콘텐츠 변경은 동일한 설정 적용 시 허가되었다.

08 저작인격권의 종류에는 공표권, 성명표시권, 동일성유지권이 있다.

09 공개 소프트웨어는 개발한 소프트웨어의 소스 코드를 공개한 소프트웨어로, 소프트웨어 사용권 범위 내에서 누구나 자유롭게 사용하고 수정하거나 재배포할 수 있다. 그 예로는 리눅스, 안드로이드 등이 있다.

10 저작재산권이란 저작자가 자신의 저작물에 대해 갖는 재산적인 권리를 뜻한다. 따라서 일반적인 물권(物權)과 마찬가지로 지배권(다른 사람의 행동을 필요로 하지 않고, 객체에 직접 지배력을 행사할 수 있는 권리)이며, 양도와 상속의 대상일 뿐만 아니라, 채권적인 효력도 가지고 있다.
다른 사람에게 상속되지 않고 저작자에게만 인정되는 권리는 저작인격권에 대한 설명이다. 저작인격권이란 저작자가 자신의 저작물에 대해 갖는 정신적·인격적 이익을 법률로써 보호받는 권리라고 할 수 있다. 저작권법에서는 이를 공표권, 성명표시권, 동일성유지권의 세 가지로 나누어 규정하고 있다.

11 디지털 저작물에 워터마크를 삽입하면 불법 복제 및 배포를 추적할 수 있다.
DRM(Digital Rights Management)은 디지털 콘텐츠의 무

단 사용을 막아 제공자의 권리와 이익을 보호해 주는 기술과 서비스를 통틀어 일컫는 말이다.

그림 출처 과학기술정보통신부 블로그
https://m.blog.naver.com/PostView.nhn?blogId=with_
msip&logNo=220611065318&proxyReferer=https%3A
%2F%2Fwww.google.co.kr%2F

12 디지털 기기 등에서 자신의 저작물을 공유할 때는 다른 사람들이 이용할 수 있는 범위를 알 수 있도록 정해진 저작물 이용 허락 표시(CCL: Creative Commons License)를 사용하는 것이 좋다.

05 사이버 폭력 예방과 사이버 윤리 실천

중단원 핵심 문제 · 본문 023쪽

| 01 ③ | 02 ③ | 03 ⑤ | 04 ① | 05 ⑤ |
| 06 ④ | 07 ③ | 08 ① | 09 ③ | 10 ④ |

01 익명성이란 어떤 행위를 한 사람이 누구인지 드러나지 않는 특성을 말하며, 쌍방향성이란 어떤 주제에 대해 서로 의견을 주고받을 수 있는 의사소통 방식을 말한다.

02 자신에 대한 비난이나 욕설 등의 메시지를 받은 경우 삭제하지 말고 잘 보존하여 사이버 폭력에 대한 증거를 확보해야 한다. 이때 자신이 분명한 거부 의사를 표시한 내용을 함께 확보하는 것이 좋다.

03 스마트폰 중독은 인터넷 중독과 유사하지만 스마트폰은 언제 어디서나 사용 가능하다는 특성 때문에 최근에는 인터넷 중독보다 그 폐해가 더 심각하다.

04 제시된 그림은 이전과 같은 만족을 경험하려면 더 강한 강도나 지속 기간의 자극을 필요로 하는 내성을 나타낸다.

05 사실 여부와 관계없이 상대를 비방할 목적으로 사진이나 글을 게시하여 인격을 침해하는 행위를 하였으므로 사이버 명예 훼손에 해당한다.

06 사이버 폭력 상담 및 신고는 경찰서(112), 청소년사이버상담센터(1388), 안전Dream 경찰지원센터(117) 등에서 할 수 있다. 132는 법률상담센터이다.

07 사이버 폭력은 시간과 장소에 관계없이 지속될 수 있으며, 상대방과 대면하지 않고 은밀하게 일어날 수 있다.

08 문제적 결과 증세는 스마트폰 이용으로 인해 신체적 ·

심리적 · 사회적으로 부정적인 결과를 경험하는 것이다.

09 컴퓨터나 스마트폰 사용 시간을 가족들과 협의하여 결정한다.

10 사이버 안심존은 가정이나 학교에서 스마트폰 이용 형태를 점검하고 이용 시간을 관리할 수 있는 스마트폰 앱으로, 올바른 스마트폰 이용 습관을 기르는 데 도움을 준다.

1단원 대단원 종합 문제 · 본문 025쪽

01 ③	02 ①	03 ④	04 ②
05 랜섬웨어(ransomware)		06 ②	07 ③
08 ②	09 ③	10 ④	11 ③	12 ④
13 ②	14 ③	15 ⑤	16 ⑤	17 ④

01 첨단 운전자 보조 시스템, 온라인 수업, 스마트폰을 통한 결제에는 소프트웨어가 사용되고 있으나, 오프라인 워크숍에서는 소프트웨어 및 정보 사회의 특징 및 변화가 나타나지 않는다.

02 사물과 인터넷으로부터 데이터를 수집하는 것은 사물 인터넷 기술을 뜻하며, 정보 처리 능력의 고도화로 나타나는 데이터 축적 및 분석 강화는 빅데이터를 의미한다. 데이터를 학습하여 새로운 가치를 창출하는 것은 인공 지능의 특징이다.

03 최근 인공 지능이 의료 분야에도 활용되면서, 진료 데이터를 학습하고 데이터를 분석하여 의사의 진단과 처방에 도움을 주고 있다.

04 재산 정보에는 소득, 신용 카드 번호, 통장 계좌 번호 등이 있다. 전자 우편, 위치 정보는 기타 정보에 속한다.

05 랜섬웨어는 '몸값'(ransom)과 '소프트웨어'(software)의 합성어로, 시스템을 잠그거나 데이터를 암호화해 사용할 수 없도록 만든 뒤, 이를 담보로 금전을 요구하는 악성 프로그램을 일컫는다.

06 자신의 개인 정보가 원치 않는 맞춤형 광고나 마케팅에 이용될 수 있으므로, 개인 정보 활용에 동의할 때는 각별히 유의해야 하며 가급적 필수 항목 활용에만 동의할 것을 권한다.

07 공공장소에서는 개인 정보가 유출될 가능성이 높으므로, 가급적 메신저 사용을 자제하는 것이 좋다.

08 가수의 춤을 그대로 재연해서 촬영한 것은 창작물이 아

니므로 저작권이 없으며, 머릿속에서 상상한 것은 실제로 표현한 것이 아니므로 저작권이 없다.

09 사진에 대한 소유권은 영철의 아버지에게 있으나, 저작권은 사진을 찍은 사진 기사에게 있다.

10 내가 그린 그림은 저작자가 본인이기 때문에 저작권 침해에 해당하지 않으며, 디지털 음원 파일을 다운로드해 듣는 것은 저작권 침해에 해당하지 않는다.

11

단계 1
어떤 저작물을 이용할 것인지 결정한다.

단계 2
해당 저작물이 보호해야 할 저작물인지 확인한다.

단계 3
저작물 이용 방식이 저작권법상 허용되는 방식인지 확인한다.

단계 4
저작권자에게 저작물 제목, 이용 목적, 이용 방법 등에 대해 알리고 이용 허락을 받는다.

단계 5
허락받은 범위 내에서 사용하고 저작권자의 의사에 따라 저작자, 출처 등을 표시한다.

▲ 타인의 저작물을 올바르게 이용하는 방법

12

BY(Attribution, 저작자 표시)
해당 저작물에 저작자의 이름, 출처 등 저작자를 반드시 표시해야 하며, 필수 항목이다.

NC(Non Commercial, 비영리)
저작물을 영리 목적으로 이용할 수 없다. 영리 목적은 별도의 계약이 필요하다.

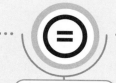

ND(No Derivative Works, 변경 금지)
저작물을 변경하거나 저작물을 이용한 2차적 저작물 제작을 금지한다.

SA(Share Alike, 동일 조건 변경 허락)
2차적 저작물 제작을 허용하되, 2차적 저작물에 원저작물과 동일한 저작물 이용 허락 표시를 적용해야 한다.

▲ 저작물 이용 허락 표시의 종류와 의미

13 ㉮는 기업이 돈을 받고 판매하는 상용 소프트웨어이며, 사용 기간이나 기능이 제한되어 있는 소프트웨어는 쉐어웨어이다. 소프트웨어 개발 코드를 공개한 프로그램은 공개 소프트웨어이다.

14 프리웨어는 프로그램을 무상으로 제공하여 이용자가 자유롭게 사용할 수 있도록 하는 방식이다. 프리웨어의 구체적인 이용 허락 범위는 라이선스를 통해 명확해지지만, 일반적으로 이용자의 사용에 대하여 특별한 제한을 두지 않으며 제3자에게 양도하는 것도 허용된다.
그러나 프리웨어는 공개 소프트웨어와는 달리 수정할 수 없고 소스까지 공개하지는 않는다. 따라서 소프트웨어의 계속적인 단순 사용과 재배포는 허용되지만 변경이나 2차적 저작물 작성은 허용되지 않는다.

15 사례에서 유출된 정보로는 직장명과 직장 전화번호가 있으며, 이 정보는 근로 정보로 사회적 정보에 해당된다.

16 폰트도 창작물로서 저작권을 보호받으며, 카피라이트는 저작자의 권리를 중시한다. 따라서 참인 명제는 F, G이다.

17 사이버 공간에서 각종 게임이나 SNS 활동 등에 지나치게 의존하는 상태를 사이버 중독이라고 한다.

Ⅱ 자료와 정보

01 자료와 정보의 표현

중단원 핵심 문제
🖱️ 🖥️ 본문 036쪽

01 ①	**02** ㉠ 아날로그, ㉡ 디지털		**03** ①
04 ③	**05** ①	**06** 1) 1110$_{(2)}$, 2) 1001$_{(2)}$	
07 ③	**08** ①	**09** ⑤	**10** ③	**11** ①
12 ④	**13** 픽셀	**14** ④	

01 자료는 관찰이나 측정을 통해 얻은 값이나 사실을 말하며, 정보는 그 자료를 목적에 맞게 가공하여 유용한 형태로 만든 것을 말한다.

02 시간의 흐름에 따라 변환하는 값을 그대로 표현한 것을

아날로그라 하고, 일정한 간격으로 끊어서 명확한 수치 형태로 표현한 것을 디지털이라고 한다.

03 디지털 정보는 정보의 저장과 수정, 편집이 쉬우며 복사해도 원본과 같은 상태를 유지한다. 읽는 사람에 따라 값이 다르게 표현되거나 시간이 지나면 정보가 변형될 가능성이 있는 것은 아날로그 정보에 대한 설명이다.

04 0과 1로 표현하는 2진수 한 자리를 비트라고 하며, 비트가 8개 모이면 정보 표현의 기본 단위인 바이트가 된다.

05 자료의 저장 단위를 작은 단위부터 큰 단위 순으로 나열하면 다음과 같다.
KB → MB → GB → TB → PB

06 $14 = 8 + 4 + 2$이므로 $1110_{(2)}$
$9 = 8 + 1$이므로 $1001_{(2)}$이다.

07 아스키코드는 미국 표준 협회에서 제시한 정보 교환용 표준 코드로, 128개의 서로 다른 문자를 표현할 수 있다.

08 비트맵 방식의 그림은 픽셀들이 하나하나 모여서 그림을 이루는 방식이며 사실적인 그림을 표현할 때 사용한다. 비트맵 방식은 그림을 확대할 경우 계단 현상이 발생한다.

09 비트맵 방식의 파일 형식에는 JPG, PNG, GIF, BMP 등이 있고, 벡터 방식의 파일 형식에는 AI, WMF, SVG 등이 있다.

10 해상도는 모니터에 표시할 수 있는 픽셀의 수를 말하며, 그림이나 사진의 선명도를 나타내는 척도로 사용된다.

11 색상의 디지털 표현은 1비트에 0과 1, 두 가지 색상 표현이 가능하다. 그러므로 할당된 비트 수에 따라 색상의 수가 정해지며, 비트 수가 많으면 많은 색상 표현이 가능하다. 4비트에는 16가지 색상 표현이 가능하다.

12 주파수는 소리의 높고 낮음을 말하며, 주파수가 높으면 고음, 주파수가 낮으면 저음이 된다. 진폭은 소리의 세기로 센소리는 진폭이 크고, 약한 소리는 진폭이 작다. 음색은 소리의 감각적 특징으로 사람마다 소리를 내는 파형이 다르다.

13 픽셀은 화소라고도 하며 화면을 구성하는 점을 말한다. 픽셀의 크기가 크면 화면에 나타나는 그림이 거칠어지고, 픽셀의 크기가 작으면 화면에 나타나는 그림이 선명하게 표현된다.

14 한글 코드의 종류에는 한글 자음과 모음에 각각 따로따로 코드를 부여하고 이를 조합하여 사용하는 코드인 조합형

코드와 완성된 한글 조합을 코드테이블에서 찾아 변환하는 방식인 완성형 코드가 있다.

02 자료의 수집과 관리 ~
03 정보의 구조화

중단원 핵심 문제   본문 042쪽

01 ④	**02** ⑤	**03** ③	**04** 해설 참조
05 ③	**06** ④	**07** ②	**08** ④ **09** ②
10 해설 참조	**11** 정렬		

01 자료의 수집 방법에는 관찰, 측정, 인터넷 검색, 설문 조사, 문헌 조사 등이 있다.

02 컴퓨터를 이용하여 자료를 수집할 경우 자료의 분류, 수정, 저장이 쉽고, 시간과 공간의 제약 없이 언제든지 자료의 수집이 가능하다. 또한 수집한 자료를 다른 사람과 공유하기가 쉽고, 자료의 양이 많아도 별도의 저장 공간을 많이 차지하지 않는다.

03 수집 대상이 학생용 티셔츠이고, 그 하위 항목을 티셔츠 가격과 디자인으로 정하여 계획을 세운다.

04 〈보기〉에 어떤 물건들이 있는지 살펴본 후, 분류 기준을 가전제품과 가구로 정하고 물건을 분류하면 쉽게 분류가 가능하다.

분류 기준	가전제품	가구
물건	텔레비전, 세탁기, 전자레인지, 냉장고	침대, 책상, 식탁, 소파

05 문제 해결을 위해 흩어져 있는 자료를 다양한 방법으로 모으는 과정을 자료의 수집이라고 하고, 수집한 자료를 기준에 따라 정리해서 나누는 과정을 자료의 분류라고 한다.

06 정보를 구조화하면 필요한 정보를 쉽게 찾을 수 있으며 전체적인 구조를 한눈에 파악하기 쉽다. 그리고 같은 정보라도 좀 더 효과적으로 전달할 수 있다. 다양한 곳에 흩어져 있는 자료를 모으는 것은 자료 수집에 관련된 내용이다.

07 차트를 이용한 구조화 방법으로 자료 간의 상호 관계를

도형으로 표현하고 있으며, 각 항목의 비율을 한눈에 알아보기 쉽게 표현한 구조이다.

08 한글은 문서 관리 프로그램, 엑셀은 스프레드시트 프로그램, 파워포인트는 프레젠테이션 프로그램에 속하며, 이들 모두 자료를 관리하는 응용 소프트웨어로 사용된다.
리눅스는 서버로서 컴퓨터를 관리하는 데 사용하는 소프트웨어이다.

09 표를 이용한 구조화 방법은 자료를 가로축과 세로축으로 구분하여 표현하며, 많은 양의 자료를 한꺼번에 표현하는 구조이다. 자료의 추가와 삭제가 쉬워 관리하기 편하다는 장점을 가지고 있다.

10 기준 항목을 시간과 할 일로 정한 후 시간의 순서에 따라 시간과 할 일을 정리하면 된다.

시간	할 일
8시	기상
9시	출발
10시	박물관 관람
12시	점심 식사
오후 2시 30분	영화 관람
오후 6시	저녁 식사

11 데이터를 기준에 맞게 재배열하는 것을 정렬이라고 한다. 정렬의 방법에는 가, 나, 다, 순으로 배열하는 오름차순 배열 방법과 역순으로 배열하는 내림차순 정렬이 있다.

2단원 대단원 종합 문제

본문 044쪽

01 ②　　**02** ⑤　　**03** 해설 참조　　**04** ③
05 ③　　**06** ①　　**07** ③　　**08** (라) → (가) →
(나) → (다)　**09** 해설 참조　　**10** ⑤

01 디지털 정보는 자료를 수치화하여 컴퓨터에 저장이 가능하고 파일 형태로 저장되기 때문에 오랫동안 보존할 수 있다. 그리고 컴퓨터를 이용하여 자료의 전달, 수정, 삭제, 편집을 쉽고 빠르게 할 수 있다. 보다 세밀한 정보 표현이 가능한 것은 아날로그 정보의 특징에 해당된다.

02 유니코드는 각 나라의 문자를 컴퓨터에서 일관되게 표현할 수 있도록 설계한 국제 표준 코드이며, 최대 4바이트(32비트)까지 사용하여 문자를 표현할 수 있다.

03 해당 문자의 행과 열을 파악하여 열은 상위 비트, 행은 하위비트로 적어 주면 된다.

번호	문자	상위 비트	하위 비트
(1)	R	101	0010
(2)	g	110	0111
(3)	%	010	0101

04 비트맵 파일은 점으로 이루어진 방식으로 픽셀 값의 크기에 따라 용량이 달라지며, 픽셀이 많을수록 그림이 선명해지고 파일의 용량이 증가한다.
벡터 파일 형식은 주로 글자나 로고, 캐릭터 디자인 등에서 활용되며 파일 형식으로는 AI, EPS, SVG 등을 사용한다.

05 화면을 구성하는 가장 기본 단위는 픽셀이며, 해상도는 (가로 픽셀 수) × (세로 픽셀 수)로 나타낸다.
프린터에서 쓰는 해상도의 단위는 DPI이며, 픽셀 수가 많으면 많을수록 해상도는 높아지고 그림이 선명해진다.

06 그림 (가)는 벡터 이미지 방식으로, 그림을 점과 점의 위치를 계산한 함수식으로 표현하며 주로 선으로 구성되어 있다. 벡터 방식은 파일의 용량이 작고, 그림을 확대해도 용량이 변하지 않으며, 일그러짐 현상이 발생하지 않는다. 주로 로고나 캐릭터 디자인에 많이 활용되는 표현 방식이다.

07 버튼 종류가 6개이므로 6개의 다른 정보를 표현해야 한다. 2 × 2 × 2 = 8이므로 최소 3비트 이상을 사용해야 한다.

08 소리의 디지털 변환 과정은 표본화 → 양자화 → 부호화 과정을 거친다.
　① 표본화: 아날로그 소리를 일정한 간격으로 나눈 후 값을 수치화한다.
　② 양자화: 소리의 크기를 가까운 정수로 표현한다.
　③ 부호화: 각각의 값을 0과 1의 디지털 정보로 표현한다.

09 정보 구조화는 정보의 효율적인 관리를 위해 필요하다.
〈예시 답〉
• 정보를 효율적으로 관리하기 위해 정보 구조화가 필요하다.
• 체적인 구조를 한눈에 파악하기 위해 정보 구조화가 필요하다.
• 필요한 정보를 쉽게 찾기 위해 정보 구조화가 필요하다.
• 같은 정보라도 다른 사람에게 효과적으로 전달하기 위해 정보 구조화가 필요하다.

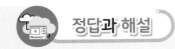
10 도형이나 선을 이용하여 상호 관계나 계층 구조로 표현하는 방법은 그림으로 구조화하여 표현하는 방법이다. 그림으로 표현하는 방법에는 차트, 그래프, 마인드맵, 조직도, 벤다이어그램, 인포그래픽 등이 있다.

Ⅲ 문제 해결과 프로그래밍

O1 문제 이해와 분석

중단원 핵심 문제   본문 052쪽

| 01 ① | 02 ① | 03 ④ | 04 ④ | 05 ⑤ |
| 06 ③ | 07 ③ | 08 ③ | 09 ① | 10 ③ |

01 좋아하는 음식은 개인의 취향에 따라 달라지는 것이므로 컴퓨터를 활용하여 해결할 수 없다.

02 문제 해결 절차는 문제 분석 → 해결 방법 설계 → 해결 방법 실행 → 평가하기의 순서로 이루어진다.

03 문제 분석 단계에서는 현재 상태와 목표 상태 파악하기, 수행 작업 선택하기, 핵심 요소 추출하기 등의 활동을 해야 한다. 해결 방법 설계 단계에서는 알고리즘을 작성하고, 해결 방법 실행 단계에서는 프로그래밍과 알고리즘 실행이 이루어진다.

04 〈보기〉에서 소은이가 놀이기구를 탈 순서를 미리 정해 놓았는데, 이는 해결 방법 설계 단계에 해당한다. 이후에는 정해놓은 순서대로 놀이기구를 타면 되므로, 해결 방법 실행 절차를 진행하여야 한다.

05 〈보기〉에서 까마귀는 물을 마시기 위해 부리를 호리병 입구에 넣어 보고 있으므로, 문제의 현재 상태는 물을 마시지 못하고 있는 것이며, 목표 상태는 물을 마시는 것이다.

06 문제 상황 속에서 교통수단별 비용만 조사되어 있으며 교통수단이 선택되어 있지 않다. 따라서 현재 상태는 교통수단이 선택되지 않은 것이다. 그리고 교통수단을 선택하려고 하고 있으므로 교통수단을 선택한 상태가 목표 상태가 된다.

07 현재 상태는 문제가 발생된 상태이며, 목표 상태는 문제가 해결된 후의 상태이다. 수행 작업은 현재 상태를 목표 상태로 변화시키기 위한 작업을 의미한다.

08 철수는 원반을 C 기둥으로 옮기기로 하였으므로, 목표 상태는 원반을 C 기둥으로 옮기는 것이다.

09 문제 상황에서 현재 상태는 꿀벌이 현재 있는 위치에서 꿀을 만들지 않은 상태이며, 목표 상태는 꿀벌이 벌집에 도착하여 꿀을 만든 상태이다.

10 꿀벌이 길을 따라가면서 꽃에서 꿀을 채취하여 벌집으로 돌아가 꿀을 만들면 되므로, 이 문제를 해결하기 위해 뒤로 가기, 점프하기 등은 수행할 필요가 없다.

O2 핵심 요소 추출

중단원 핵심 문제   본문 056쪽

| 01 ① | 02 ⑤ | 03 ② | 04 ① | 05 ② |
| 06 ③ | 07 ④ | 08 ④ | 09 ⑤ | 10 ⑤ |
| 11 ⑤ |

01 집 그림에서 창문은 표시되지 않고 있으므로 창문의 수는 알 수가 없다.

02 문제 상황에서는 여름철 집안의 온도를 쾌적하게 유지하고자 하므로 집안을 쾌적하게 만들기 위해 필요한 것이 무엇인지를 기준으로 삼아 핵심 요소를 추출해야 한다.

03 문제 상황에서 실내 온도를 쾌적하게 유지하고 싶어 하므로 쾌적한 온도를 확인할 수 있는 집안 온도가 핵심 요소가 될 수 있다.

04 문제 속에 나타나는 요소들을 먼저 찾아보고, 핵심 요소 분류를 위한 기준을 정한 다음 기준에 맞춰 핵심 요소를 찾는다. 찾아낸 핵심 요소는 문제 해결에 적절한 형태로 다시 표현하여 나타낸다.

05 미로를 통과하기 위해서는 입구의 위치, 출구의 위치와 미로의 형태를 알 수 있는 벽의 위치를 알아야 한다.

06 정물화는 사물을 그린 그림으로 사물의 많은 요소를 포함하고 있어 핵심 요소 추출의 예로 보기 어렵다.

07 핵심 요소를 추출하기 위해서는 문제 상황에서 다양한 요소를 찾아낸 후 기준에 맞춰 불필요한 요소를 뽑아내어 제거하고 필요한 요소를 재표현해야 한다.

08 문제 상황의 다양한 요소 중 문제를 해결하는 데 꼭 필요한 요소만 뽑은 것을 핵심 요소라 한다. 핵심 요소를 추출할 때는 특정한 기준에 따라 추출하며, 추출한 핵심 요소를 재표현하면 문제 해결에 도움이 될 수 있다.

09 핵심 요소 추출은 문제 상황에서 알 수 있는 요소들 중 기준에 따라 필요한 요소만을 남기고 불필요한 요소를 제거하는 과정이다.

10 문제 상황에서 모둠의 최대 수를 구하는 데 필요한 정보가 핵심 요소이다. 따라서 체험 학습을 하는 것, 모둠을 만들어야 한다는 것, 활동은 총 10가지라는 것, 간식을 나누어 주기로 했다는 정보는 문제 해결에 직접적으로 필요한 정보가 아니다.
하지만 초코과자의 수와 음료수의 수를 활용해 남는 간식 없이 똑같이 나누어 주려 한다는 조건과 모둠의 최대 수를 구해야 한다는 것은 문제 해결에 반드시 필요한 정보로 핵심 요소에 해당된다.

11 그림은 커피를 만들기 위한 재료와 비율에 대한 내용만을 추출하여 재표현한 것으로, 문제 분석 활동 중 핵심 요소 추출에 해당된다. 핵심 요소를 추출하여 그것을 알기 쉽고 간단하게 다시 표현하면 문제를 좀 더 효율적으로 해결할 수 있다.

03 알고리즘의 이해와 표현

중단원 핵심 문제
본문 060쪽

01 ③	**02** ④	**03** ②	**04** ③	**05** ③
06 ②	**07** ④	**08** ⑤	**09** ⑤	**10** ⑤
11 ②	**12** ⑤			

01 문제를 해결하기 위한 절차와 방법을 순서대로 나열한 것을 알고리즘이라고 한다.

02 알고리즘은 입력, 출력, 명확성, 유한성, 수행 가능성의 조건을 가진다. 유한성이란 알고리즘이 실행된 후에는 반드시 종료되어야 함을 뜻한다.

03 알고리즘에서 입력은 경우에 따라 없어도 되지만, 출력은 적어도 1개 이상의 결괏값이 출력되어야 한다.

04 〈보기〉에서 제시하는 '적당히', '적절히', '약간 더'와 같은 용어는 사람에 따라 해석이 달라질 수 있어 모호하다. 따라서 명확성을 만족하지 못한다.

05 사람마다 추운 것과 더운 것의 기준과 따뜻한 것과 시원한 것의 기준이 모호하므로, 각각 해당하는 온도를 명확하게 표시하는 것이 바람직하다. 알고리즘의 요건 중 명확성을 만족하지 못한다.

06 〈보기〉의 내용에서 무엇을 출력 값으로 할지가 명시되지 않았다. 알고리즘이 성립하기 위해서는 5가지 조건을 만족해야 한다. 입력은 없어도 되나, 출력은 반드시 필요하다.

07 조건에 따라 두 개의 명령 중 하나의 명령을 선택하는 구조를 선택 구조라 한다.

08 짝수인지 아닌지를 판단할 때에는 선택 구조를 사용할 수 있으며, 1에서부터 100까지의 점수를 1씩 더하는 작업을 반복해야 하므로 반복 구조를 사용할 수 있다.

09 조건에 해당될 수 있는 질문은 '예' 또는 '아니요'로 대답이 나올 수 있어야 한다. 이름을 묻는 질문은 대답이 다양하게 나타날 수 있으므로 조건 기호에서 사용할 수 없다.

10 사람마다 다양하게 이해하게 되는 것은 모호성이 높은 것으로 자연어의 단점에 해당된다.

11 문제 처리 결과가 반드시 하나 이상 나타나야 하는 것은 출력의 조건이다.

12 복잡한 문제 상황을 여러 상황으로 작게 나누어 푸는 것으로 '나누어 풀기'에 해당한다.

04 프로그래밍

중단원 핵심 문제
본문 064쪽

엔트리 문제

01 ①	**02** ③	**03** ②	**04** ③	**05** ④
06 ④	**07** ②	**08** ②	**09** ④	

10 정답 신호: "계속 열심히 해야지."를 말한다. / 오답 신호: "포기하지 말고 열심히 해야지."를 말한다.　**11** ②

스크래치 문제

01 ①	**02** ③	**03** ②	**04** ③	**05** ④
06 ③	**07** ⑤	**08** ③	**09** ③	

10 정답 신호: "계속 열심히 해야지."를 말한다. / 오답 신호: "포기하지 말고 열심히 해야지."를 말한다.　**11** ①

엔트리 해설

01 프로그래밍 과정을 통해 만들어진 명령어의 집합은 프로그램이다. 프로그래머는 프로그램을 만드는 사람이고, 프로그래밍은 프로그램을 작성하는 과정이다. 이 과정에서 사용되는 언어를 프로그래밍 언어라고 한다.

02 프로그래머는 프로그램을 만드는 사람이고, 프로그래밍은 프로그램을 작성하는 과정을 가리킨다. 이 과정에서 사용되는 언어를 프로그래밍 언어라고 한다.

03 ㉡, ㉢은 블록 기반 프로그래밍 언어이고, ㉠, ㉣, ㉤은 텍스트 기반 프로그래밍 언어이다.

04 복습하기 신호를 보내면 "오늘 배운 내용은 오늘 복습해야지."를, 일어나기 신호를 보내면 "오늘도 보람찬 하루 보내야지."를 출력한다. 또한 아침먹기 신호를 보내면 "맛있게 아침 먹자."를, 하교하기 신호를 보내면 "안녕! 내일 만나자."를 출력한다.

05 X좌표는 110, Y좌표는 −70임을 알 수 있다.

06 흐름에는 실행 과정의 선택, 반복 등과 관련된 블록이 있고, 움직임에는 오브젝트의 이동, 방향 등과 관련된 블록이 있다. 계산에는 사칙 연산 등 계산과 관련된 블록이 있고, 판단에는 다양한 조건을 판단하는 블록이 있다.

07 시작에 있는 블록들이다. 또한 시작에는 신호와 장면과 관련된 블록들도 있다.

08 오브젝트에 대한 설명이다. 실행 화면은 작성한 프로그램이 실행되는 공간이고, 블록 조립소는 원하는 명령어 블록을 끌어와 퍼즐처럼 끼워 맞춰서 프로그램을 작성하는 공간이다. 휴지통은 필요 없는 명령어를 삭제하는 곳이고, 블록 꾸러미는 프로그램에 사용될 명령어들이 구성되어 있는 곳이다.

09 블록 꾸러미에 대한 설명이다. 오브젝트 목록은 프로그램에 사용하는 오브젝트를 표시한다.

10 정답 신호를 받으면 "계속 열심히 해야지."를, 오답 신호를 받으면 "포기하지 말고 열심히 해야지."를 출력한다.

11 ①은 오브젝트 추가하기, ②는 프로그램 시작하기, ③은 오브젝트, ④는 블록 꾸러미의 시작, ⑤는 블록 꾸러미의 자료이다.

스크래치 해설

01 프로그래밍 과정을 통해 만들어진 명령어의 집합은 프로그램이다. 프로그래머는 프로그램을 만드는 사람이고, 프로그래밍은 프로그램을 작성하는 과정이다. 이 과정에서 사용되는 언어를 프로그래밍 언어라고 한다.

02 프로그래머는 프로그램을 만드는 사람이고, 프로그래밍은 프로그램을 작성하는 과정을 가리킨다. 이 과정에서 사용되는 언어를 프로그래밍 언어라고 한다.

03 ㉡, ㉢은 블록 기반 프로그래밍 언어이고, ㉠, ㉣, ㉤은 텍스트 기반 프로그래밍 언어이다.

04 복습하기 신호를 보내면 "오늘 배운 내용은 오늘 복습해야지."를, 일어나기 신호를 보내면 "오늘도 보람찬 하루 보내야지."를 출력한다. 또한 아침먹기 신호를 보내면 "맛있게 아침 먹자."를, 하교하기 신호를 보내면 "안녕! 내일 만나자."를 출력한다.

05 x좌표는 110, y좌표는 −70임을 알 수 있다.

06 흐름에는 실행 과정의 선택, 반복 등과 관련된 블록이 있고, 움직임에는 오브젝트의 이동, 방향 등과 관련된 블록이 있다. 계산에는 사칙 연산 등 계산과 관련된 블록이 있고, 판단에는 다양한 조건을 판단하는 블록이 있다.

07 이벤트와 관련된 블록들이고, 이벤트에는 방송과 관련된 블록들도 있다.

08 스프라이트에 대한 설명이다. 무대는 작성한 프로그램이 실행되는 공간이고, 스크립트 영역은 원하는 명령어 블록을 끌어와 퍼즐처럼 끼워 맞춰서 프로그램을 작성하는 공간이다. 블록 팔레트는 프로그램에 사용될 명령어들이 구성되어 있는 곳이다.

09 블록 팔레트에 대한 설명이다. 스프라이트 목록 프로그램에서 사용하는 스프라이트를 표시한다.

10 정답 신호를 받으면 "계속 열심히 해야지."를, 오답 신호를 받으면 "포기하지 말고 열심히 해야지."를 출력한다.

11 ①은 프로그램 시작, ②는 프로그램 정지, ③은 블록 팔레트의 스크립트 선택 탭, ④는 무대 배경, ⑤는 스프라이트이다.

05 자료의 입력과 출력

중단원 핵심 문제

📖 본문 070쪽

엔트리 문제

01 ③   **02** ①   **03** ②   **04** ⑤   **05** ②
06 ④   **07** ③   **08** ④   **09** ④   **10** ④
11 ③   **12** ③   **13** ⑤   **14** ②

15 1) "Hello"를 출력한다. 2) "안녕!"을 출력한다. 3) y좌표를 50만큼 바꾼다. 4) y좌표를 −50만큼 바꾼다.

스크래치 문제

01 ③   **02** ①   **03** ②   **04** ⑤   **05** ②
06 ④   **07** ③   **08** ④   **09** ④   **10** ④
11 ③   **12** ③   **13** ⑤   **14** ②

15 1) "Hello"를 출력한다. 2) "안녕!"을 출력한다. 3) y좌표를 50만큼 바꾼다. 4) y좌표를 −50만큼 바꾼다.

엔트리 해설

01 (X, Y) 좌표는 (0, 0)에서 (15, 0), (15, −20) 순으로 이동한다. 최종 좌표는 (15, −20)이다. .

02 시작하기 버튼 클릭, 오브젝트 클릭, 스페이스 키를 누르거나 위쪽 화살표를 누르면 "안녕"을 출력한다.

03 오브젝트를 y축 위로 이동하고 "안녕"을 출력해야 하므로 위쪽 화살표와 스페이스 키를 입력해야 한다.

04 명령어 블록이 차례대로 실행되면 오브젝트의 위치는 (0, 0) → (20, 0) → (0, 20) → (−20, 0) → (0, −20)으로 이동한다.

05 오브젝트가 "안녕!"이라고 출력하고 엔트리봇_걷기2로 모양을 바꿔야 하기 때문에, ㉠에는 안녕! ㉡에는 엔트리봇_걷기2가 들어가야 한다.

06 연필 오브젝트가 움직이면서 정사각형을 그리려면, 오브젝트는 50만큼 움직이고 90° 회전해야 한다. 따라서 ㉠에는 90° 가 들어가야 한다.

07 오브젝트는 오른쪽 화살표 키를 누르거나 왼쪽 화살표 키를 누르면 x축 방향으로 움직여야 한다. 따라서 오른쪽 화살표를 누르면 x좌표가 10만큼 바뀌고, 왼쪽 화살표 키를 누르면 x좌표가 −10만큼 바뀌어야 한다. 또한 위쪽 화살표 키를 누르거나 아래쪽 화살표 키를 누르면 오브젝트를 y 축 방향으로 움직여야 한다. 위쪽 화살표 키를 누르면 y좌표가 10만큼, 아래쪽 화살표 키를 누르면 y좌표가 −10만큼 바뀌어야 한다.

08 오브젝트를 클릭할 때마다 강아지 짖는 소리를 재생하는 프로그램을 작성하기 위해서는 다음과 같은 명령어 블록을 찾아 연결한다.

09 마우스를 통한 입력과 관련된 블록은 ㉡, ㉢, ㉣이고, ㉠은 키보드를 통한 입력과 관련된 명령어 블록이다.

10 프로그램을 실행하면 먼저 오브젝트가 10만큼 이동하고 "안녕!"이라고 3초 동안 출력한다.

11 키보드로 입력한 "프로그래밍"의 앞에는 "취미는"을, 뒤에는 "이군요."를 붙여서 "취미는 프로그래밍이군요."를 출력한다.

12 바꾸기 명령은 지정한 값만큼 바꾸는 것을 의미한다. 그러므로 오브젝트의 (x, y) 좌표의 위치는 (0, 0) → (8, 0) → (1, 0) → (1, −6) → (1, −1) 순으로 변한다.

13 엔트리에서는 ㉠, ㉡, ㉢, ㉣과 같은 출력이 모두 가능하다.

14 오브젝트의 모양이 전구_흑백 → 다음(전구_정답) → 다음(전구_흑백) → 전구_정답 → 다음(전구_흑백) 순으로 변한다. 따라서 2회 깜박인다.

15 위쪽 화살표 키를 누르면 y좌표가 50만큼 바뀌고, 아래쪽 화살표 키를 누르면 y좌표가 −50만큼 바뀐다. 또한 마우스를 이용하여 오브젝트를 클릭하면 "Hello"를 출력하고, 스페이스 키를 누르면 "안녕!"을 출력한다.

스크래치 해설

01 (x, y) 좌표는 (0, 0)에서 (15, 0), (15, −20) 순으로 이동한다. 최종 좌표는 (15, −20)이다.

02 🏁 버튼 클릭, 스프라이트 클릭, 스페이스 키를 누르거나 위쪽 화살표를 누르면 "안녕"을 출력한다.

03 스프라이트를 y축 위로 이동하고 "안녕!"을 출력해야 하므로 위쪽 화살표와 스페이스 키를 입력해야 한다.

04 명령어 블록이 차례대로 실행되면 스프라이트의 위치는 $(0, 0) → (20, 0) → (0, 20) → (−20, 0) → (0, −20)$으로 이동한다.

05 스프라이트가 "안녕!"이라고 출력하고 모양2로 모양을 바꾸기 때문에 ㉠에는 안녕!, ㉡에는 모양2가 들어가야 한다.

06 연필 스프라이트가 움직이면서 정사각형을 그리려면, 스프라이트는 50만큼 움직이고 90도 회전해야 한다. 따라서 ㉠에는 90이 들어가야 한다.

07 스프라이트는 오른쪽 화살표 키를 누르거나 왼쪽 화살표 키를 누르면 x축 방향으로 움직여야 한다. 따라서 오른쪽 화살표를 누르면 x좌표가 10만큼 바뀌고, 왼쪽 화살표 키를 누르면 x좌표가 −10만큼 바뀌어야 한다. 또한 위쪽 화살표 키를 누르거나 아래쪽 화살표 키를 누르면 오브젝트를 y 축 방향으로 움직여야 한다. 위쪽 화살표 키를 누르면 y좌표가 10만큼, 아래쪽 화살표 키를 누르면 y좌표가 −10만큼 바뀌어야 한다.

08 스프라이트를 클릭할 때마다 dog1 소리를 재생하는 프로그램을 작성하기 위해서는 다음과 같은 명령어 블록을 찾아 연결한다.

이 스프라이트가 클릭될 때

dog1 ▾ 재생하기

09 마우스를 통한 입력과 관련된 명령어 블록은 ㉣이다. ㉠은 음량과 관련된 블록이고, ㉡은 키보드와 관련된 블록이다. ㉢은 배경이 바뀌었을 때 실행되는 명령어 블록이다.

10 프로그램을 실행하면 먼저 스프라이트가 10만큼 이동하고 "안녕!"이라고 3초 동안 출력한다.

11 키보드로 입력한 "프로그래밍"의 앞에는 "취미는"을, 뒤에는 "이군요."를 붙여서 "취미는 프로그래밍이군요."를 출력한다.

12 바꾸기 명령은 지정한 값만큼 바꾸는 것을 의미한다. 그러므로 스프라이트의 (x, y) 좌표의 위치는 $(0, 0) → (8, 0) → (1, 0) → (1, −6) → (1, −1)$ 순으로 변한다.

13 스크래치에서는 ㉠, ㉡, ㉢, ㉣과 같은 출력이 모두 가능하다.

14 스프라이트의 모양이 star2 → 다음 모양(star1) → 다음 모양(star2) → star1 → 다음 모양(star2) 순으로 변한다. 따라서 2회 깜박인다.

15 위쪽 화살표 키를 누르면 y좌표가 50만큼 바뀌고, 아래쪽 화살표 키를 누르면 y좌표가 −50만큼 바뀐다. 또한 마우스를 이용하여 스프라이트를 클릭하면 "Hello"를 출력하고, 스페이스 키를 누르면 "안녕!"을 출력한다.

06 변수와 연산

중단원 핵심 문제
본문 082쪽

엔트리 문제

01 ③	02 ③	03 ④	04 ④	05 ②
06 ⑤	07 ③	08 ③	09 ①	10 ③
11 ③	12 ②	13 ③	14 ④	15 ①
16 ③				

스크래치 문제

01 ③	02 ③	03 ④	04 ④	05 ②
06 ⑤	07 ③	08 ③	09 ①	10 ③
11 ③	12 ②	13 ③	14 ④	15 ①
16 ③				

엔트리 해설

01 산술 연산 결과를 출력하는 프로그램이다. $7 × 3 = 21$이므로 21을 출력한다.

02 ㉠은 나눗셈 연산, ㉡은 나머지 연산 결과를 출력하는 프로그램이다. ㉠에서 $7 ÷ 4 = 1.75$이고 ㉡에서 $7 ÷ 4$의 나머지 값을 구하면 3이다.

03 산술 연산 결과를 출력하는 프로그램으로 괄호 안의 연산을 먼저 수행한다. $2 × (2 + 3) = 2 × 5 = 10$이므로 10을 출력한다.

04 프로그램을 실행하는 과정에서 변수 A에 저장된 값이 계속 바뀐다. 변수 A에 저장된 값은 $0 → 10 → 50$ 순으로 바뀐다. 마지막에 저장된 값은 50이다.

05 프로그램을 실행하고 8을 입력하면 변수 A에 있는 값은 0에서 8로 바뀐다. 따라서 마지막에 변수 A에 들어 있는 값은 8이다.

06 프로그램을 실행하고 15를 입력하면 변수 A에 15가 저장되고, 20이 입력되면 15 + 20인 35가 저장된다.

07 18과 13을 차례대로 입력하면 A에는 18이 저장되고, B에는 13이 저장된다. 따라서 A − B = 18 − 13 = 5가 되므로 5가 출력된다.

08 프로그램을 실행하고 8을 입력하면 A에는 8이 저장된다. B = A + 3 = 8 + 3 = 11이므로, B에는 11이 저장된다. C = B + A = 11 + 8 = 19이므로 C에는 19가 저장된다.

09 연산 블록은 결합 순서에 따라 계산 순서를 결정할 수 있다. 따라서 (5 − 3) × (2 + 1)은 ①과 같이 표현할 수 있다.

10 ① 변수의 이름은 변경할 수 있다. ② 변수는 실행 화면에서 숨길 수 있다. ④ 변수에 초깃값을 지정하지 않으면 엔트리에서는 0, 스크래치에서는 이전에 프로그램이 실행되면서 저장된 값이 계속 저장되어 있다. ⑤ 변수에 저장되는 값은 프로그램이 실행되는 중간에 얼마든지 변경될 수 있다.

11 ㉠, ㉡, ㉢은 두 자료의 크기를 비교하여 참과 거짓을 판단하는 비교 연산자이고, ㉣, ㉤, ㉥은 논리 연산자이다.

12 두 수의 크기를 비교하여 참과 거짓을 판단한다. ㉠은 참, ㉡은 거짓, ㉢은 참, ㉣은 거짓, ㉤은 거짓, ㉥은 참이다. 따라서 참은 ㉠, ㉢, ㉥이다.

13 프로그램에는 기회, HP, 점수 이렇게 최소 3개의 변수가 필요하다.

14 〈보기〉에서 "처음 캐릭터의 HP는 100으로 시작한다."고 하였으므로, HP의 초깃값은 100임을 알 수 있다.

15 〈보기〉에서 "주어진 미션을 해결할 때마다 점수는 10점씩 증가한다."고 하였으므로, 점수를 증가시키기 위해 산술 연산 중 덧셈 연산이 필요하다는 것을 알 수 있다.

16 A가 10 초과면 10 〈 A이고, A가 15미만이면 A 〈 15이다. 10 초과, 15 미만을 둘 다 만족해야 하므로 '그리고' 연산을 사용한다.

스크래치 해설

01 산술 연산 결과를 출력하는 프로그램이다. 7 × 3 = 21이므로 21을 출력한다.

02 ㉠은 나눗셈 연산, ㉡은 나머지 연산 결과를 출력하는

프로그램이다. ㉠에서 7 ÷ 4 = 1.75이고 ㉡에서 7 ÷ 4의 나머지 값을 구하면 3이다.

03 산술 연산 결과를 출력하는 프로그램으로 괄호 안의 연산을 먼저 수행한다. 2 × (2 + 3) = 2 × 5 = 10이므로 10을 출력한다.
①
②

04 프로그램을 실행하는 과정에서 변수 A에 저장된 값이 계속 바뀐다. 변수 A에 저장된 값은 0 → 10 → 50 순으로 바뀐다. 마지막에 저장된 값은 50이다.

05 프로그램을 실행하고 8을 입력하면 변수 A에 있는 값은 0에서 8로 바뀐다. 따라서 마지막에 변수 A에 들어 있는 값은 8이다.

06 프로그램을 실행하고 15를 입력하면 변수 A에 15가 저장되고, 20이 입력되면 15 + 20인 35가 저장된다.

07 18과 13을 차례대로 입력하면 A에는 18이 저장되고, B에는 13이 저장된다. 따라서 A − B = 18 − 13 = 5가 되므로 5가 출력된다.

08 프로그램을 실행하고 8을 입력하면 A에는 8이 저장된다. B = A + 3 = 8 + 3 = 11이므로, B에는 11이 저장된다. C = B + A = 11 + 8 = 19이므로 C에는 19가 저장된다.

09 연산 블록은 결합 순서에 따라 계산 순서를 결정할 수 있다. 따라서 (5 − 3) × (2 + 1)은 ①과 같이 표현할 수 있다.

10 ① 변수의 이름은 변경할 수 있다. ② 변수는 실행 화면에서 숨길 수 있다. ④ 변수에 초깃값을 지정하지 않으면 엔트리에서는 0, 스크래치에서는 이전에 프로그램이 실행되면서 저장된 값이 계속 저장되어 있다. ⑤ 변수에 저장되는 값은 프로그램이 실행되는 중간에 얼마든지 변경될 수 있다.

11 ㉠, ㉡, ㉢은 두 자료의 크기를 비교하여 참과 거짓을 판단하는 비교 연산자이고, ㉣, ㉤, ㉥은 논리 연산자이다.

12 두 수의 크기를 비교하여 참과 거짓을 판단한다. ㉠은 참, ㉡은 거짓, ㉢은 참, ㉣은 거짓, ㉤은 거짓, ㉥은 참이다. 따라서 참은 ㉠, ㉢, ㉥이다.

13 프로그램에는 기회, HP, 점수 이렇게 최소 3개의 변수가 필요하다.

14 〈보기〉에서 "처음 캐릭터의 HP는 100으로 시작한다."고 하였으므로, HP의 초깃값은 100임을 알 수 있다.

15 〈보기〉에서 "주어진 미션을 해결할 때마다 점수는 10점

씩 증가한다.”고 하였으므로, 점수를 증가시키기 위해 산술 연산 중 덧셈 연산이 필요하다는 것을 알 수 있다.

16 A가 10 초과면 10 〈 A이고, A가 15미만이면 A 〈 15이다. 10 초과, 15 미만을 둘 다 만족해야 하므로 ‘그리고’ 연산을 사용한다.

07 제어 구조

중단원 핵심 문제
본문 089쪽

엔트리 문제
01 ⑤	02 ③	03 ③	04 ④	05 ②
06 ⑤	07 ②	08 ③	09 ③	10 ④
11 ②	12 ②	13 ①	14 ⑤	15 ④

스크래치 문제
01 ⑤	02 ③	03 ③	04 ④	05 ②
06 ⑤	07 ②	08 ③	09 ③	10 ④
11 ②	12 ②	13 ①	14 ⑤	15 ④

엔트리 해설

01 프로그램을 실행하면 ㉠ × ㉡이 출력된다. 따라서 두 수를 곱했을 때 30이 아닌 것을 찾으면 된다. ⑤는 8 × 4 = 32이므로 들어갈 수 없다.

02 프로그램을 실행하면 10부터 1까지 차례대로 2초씩 출력된다.

03 오브젝트가 50만큼 움직이고 72° 회전하는 것을 5번 반복하기 때문에 정오각형이 그려진다. 72 × 5 = 360이므로 도형이 제대로 그려진다.

04 x좌표의 값만 10만큼 바뀌므로 오브젝트는 (0, 0) → (10, 10) → (20, 10) → (30, 10) → (40, 10) → (50, 10) 순으로 좌표가 바뀐다.

05 이동 방향으로 160°만큼 회전하므로 외각은 160°이고 내각의 크기는 20°임을 알 수 있다. 별의 내각의 크기의 합은 항상 180°이므로 180 ÷ 20 = 9이므로 총 9번 반복해야 함을 알 수 있다. 또한 그려진 별의 꼭짓점의 개수가 9개이므로 반복 횟수가 9임을 알 수 있다.

06 프로그램을 실행하면 변수 A와 B의 저장된 수는 계속 바뀐다. (A에 저장된 수, B에 저장된 수)라고 하면 (1, 2) → (3, 4) → (7, 8) → (15, 16)으로 저장된 값이 바뀐다. 따라서 A에 저장된 15를 출력한다.

07 프로그램은 1부터 10까지의 합을 구하는 프로그램이다. 1 + 2 + 3 + 4 + 5 + 6 + 7 + 8 + 9 + 10을 계산하여 55를 출력한다.

08 A에 4를 저장했으므로 조건 블록 ‘A 〈 5’를 만족하므로 “A는 5보다 작아요.”를 2초간 출력한다.

09 “B 입니다.”를 출력하기 위해서는 점수가 79보다 크고 90보다 작은 수가 점수 변수에 저장되어야 한다. 따라서 가능한 점수는 80점이다.

10 A에 3을 저장했으므로 조건 블록 ‘A 〉 5’는 ‘3 〉 5’가 되어 거짓이므로 A에 4를 더한 값을 저장한다. A + 4 → 3 + 4 = 7이므로 7을 출력한다.

11 A에 저장된 값이 7이고, 조건 블록 ‘A 〉 5’를 만족하기 때문에 “만일 A 〉 10 이라면”을 실행한다. 이때 ‘7 〉 10’은 거짓이므로 “B입니다.”를 출력한다.

12 반복되는 명령어를 묶은 뒤 원하는 횟수만큼 반복하게 하거나 조건이 만족될 때까지 반복하게 만드는 구조를 반복 구조라고 한다.
한 가지 이상의 조건에 따라 각기 다른 동작을 수행해야 할 때 사용하는 구조를 선택 구조라고 한다.

13 1부터 15까지 짝수만을 선택하여 변수 S에 합을 구하는 프로그램이다. 변수 I의 값은 1부터 15까지 1씩 증가할 때마다 i의 값을 2로 나눈 나머지 값이 0이면 짝수이므로, 답은 ①이다.

14 변수 S에 짝수의 누적 합을 저장하므로 답은 ⑤이다.

15 1부터 15까지의 수 중에서 짝수의 합을 구하면, 2 + 4 + 6 + 8 + 9 + 10 + 12 + 14 = 56이다.

스크래치 해설

01 프로그램을 실행하면 ㉠ × ㉡이 출력된다. 따라서 두 수를 곱했을 때 30이 아닌 것을 찾으면 된다. ⑤는 8 × 4 = 32이므로 들어갈 수 없다.

02 프로그램을 실행하면 10부터 1까지 차례대로 2초씩 출

력된다.

03 스프라이트가 50만큼 움직이고 72도 회전하는 것을 5번 반복하기 때문에 정오각형이 그려진다. $72 \times 5 = 360$이므로 도형이 제대로 그려진다.

04 x좌표의 값만 10만큼 바뀌므로 스프라이트는 (0, 0) → (10, 10) → (20, 10) → (30, 10) → (40, 10) → (50, 10) 순으로 좌표가 바뀐다.

05 이동 방향으로 160°만큼 회전하므로 외각은 160°이고 내각의 크기는 20°임을 알 수 있다. 별의 내각의 크기의 합은 항상 180°이므로 $180 \div 20 = 9$이므로 총 9번 반복해야 함을 알 수 있다. 또한 그려진 별의 꼭짓점의 개수가 9개이므로 반복 횟수가 9임을 알 수 있다.

06 프로그램을 실행하면 변수 A와 B의 저장된 수는 계속 바뀐다. (A에 저장된 수, B에 저장된 수)라고 하면 (1, 2) → (3, 4) → (7, 8) → (15, 16)으로 저장된 값이 바뀐다. 따라서 A에 저장된 15를 출력한다.

07 프로그램은 1부터 10까지의 합을 구하는 프로그램이다. $1 + 2 + 3 + 4 + 5 + 6 + 7 + 8 + 9 + 10$을 계산하여 55를 출력한다.

08 A에 4를 저장했으므로 조건 블록 'A < 5'를 만족하므로 "A는 5보다 작아요."를 2초간 출력한다.

09 "B 입니다."를 출력하기 위해서는 점수가 79보다 크고 90보다 작은 수가 점수 변수에 저장되어야 한다. 따라서 가능한 점수는 80점이다.

10 A에 3을 저장했으므로 조건 블록 'A > 5'는 '3 > 5'가 되어 거짓이므로 A에 4를 더한 값을 저장한다. $A + 4 \to 3 + 4 = 7$이므로 7을 출력한다.

11 A에 저장된 값이 7이고, 조건 블록 'A > 5'를 만족하기 때문에 "만일 A > 10 이라면"을 실행한다. 이때 '7 > 10'은 거짓이므로 "B입니다."를 출력한다.

12 반복되는 명령어를 묶은 뒤 원하는 횟수만큼 반복하게 하거나 조건이 만족될 때까지 반복하게 만드는 구조를 반복 구조라고 한다.
한 가지 이상의 조건에 따라 각기 다른 동작을 수행해야 할 때 사용하는 구조를 선택 구조라고 한다.

13 1부터 15까지 짝수만을 선택하여 변수 S에 합을 구하는 프로그램이다. 변수 I의 값은 1부터 15까지 1씩 증가할 때마다 i의 값을 2로 나눈 나머지 값이 0이면 짝수이므로, 답은 ①

이다.

14 변수 S에 짝수의 누적 합을 저장하므로 답은 ⑤이다.

15 1부터 15까지의 수 중에서 짝수의 합을 구하면, $2 + 4 + 6 + 8 + 9 + 10 + 12 + 14 = 56$이다.

3단원 대단원 종합 문제 · · · 본문 096쪽

01 ③	**02** ①	**03** ④	**04** ③	**05** ②
06 ②	**07** ④			

엔트리 문제

08 ⑤	**09** 통합 개발 환경	**10** ②	**11** ④
12 ④	**13** ②	**14** ②	**15** ①	**16** ③
17 ④	**18** ②		

19 ⓛ: 삼각형을 그릴 수 있습니다. ⓒ: 삼각형을 그릴 수 없습니다. **20** ③ **21** ②

22 ①	**23** ④	**24** 360 / n	**25** ⑤
26 해설 참조	**27** 해설 참조		
28 해설 참조	**29** 난방기와 냉방기를 가동하지 않습니다.		

스크래치 문제

08 ⑤	**09** 통합 개발 환경	**10** ②	**11** ④
12 ④	**13** ②	**14** ②	**15** ①	**16** ③
17 ④	**18** ②		

19 ⓛ: 삼각형을 그릴 수 있습니다. ⓒ: 삼각형을 그릴 수 없습니다. **20** ③ **21** ②

22 ①	**23** ④	**24** 360 / n	**25** ⑤
26 해설 참조	**27** 해설 참조		
28 해설 참조	**29** 난방기와 냉방기를 가동하지 않습니다.		

01 문제 해결 절차는 문제 분석 → 해결 방법 설계 → 해결 방법 실행 → 해결 방법 평가 순으로 이루어진다. 문제 분석 단계에서 현재 상태, 목표 상태, 수행 작업 찾기와 핵심 요소 추출이 이루어지고, 설계하기 단계에서는 문제를 해결하기 위한 방법을 찾아본다. 그리고 실행하기 단계에서 프로그래밍과 알고리즘의 실행이 이루어지며, 평가하기 단계에서는 해결 방법이 제대로 수행되었는지 확인한다.

02 다른 사람들이 주차장에 차를 아무렇게나 대고 가는 바람에, 빨간 차의 주인이 차를 뺄 수 없는 상황이다. 또한 빨간 차의 주인은 어떻게 나갈지 고민하며 출구로 나가는 방법을 찾는 중이다. 따라서 현재 상태는 빨간 차의 앞이 막혀 있는 상태이며, 목표 상태는 빨간 차가 나갈 수 있게 길을 만든 상태이다.

03 문제 상황은 빠른 길을 찾는 것이다. 따라서 길 찾기에 필요한 개념만 추출하면 된다. 건물의 형태, 색상 등의 정보는 필요 없으므로 빌딩, 학교 등과 같은 개념만 추출하도록 한다. 또한 돌길 하나는 크기나 형태와 상관없이 동일한 시간 1분이 소모되므로 간단한 선과 숫자로 나타내도록 한다.
ⓒ에서 집 그림을 아이콘 형태의 집으로 표현하였는데, 이보다는 ⓐ과 ⓒ처럼 '집'이라는 개념만 가져오는 것이 좋다.

04 이 알고리즘은 ①번부터 순서대로 진행되는 순차 구조로 유한성을 만족하지만 반복하는 구간은 없다.

05 일기예보의 결과에 따라 둘 중 하나의 명령을 선택하며 수행할 수 있는 선택 구조를 사용한다.

06 순서도에서 흐름이 두 개로 나누어질 수 있는 기호는 조건/판단 기호만 해당된다. 조건/판단 기호는 마름모 모양이다.

07 프로그램은 1부터 9까지의 합을 구하는 프로그램으로 1 + 2 + 3 + 4 + 5 + 6 + 7 + 8 + 9의 값인 45를 출력한다.

엔트리 해설

08 〈보기〉는 프로그래밍 언어에 대한 설명이다. 고급 언어(high-level language)는 인간이 이해하기 쉬운 프로그래밍 언어로서, 저급 언어보다 가독성이 높고 다루기 쉽다는 장점이 있다. 하지만 컴퓨터가 바로 이해할 수 없으므로 중간에 컴파일러나 인터프리터에 의해 컴퓨터가 이해할 수 있는 기계어로 번역하는 과정이 필요하다. C, 자바, 베이직 등 대부분의 프로그래밍 언어들은 고급 언어에 속한다.

09 통합 개발 환경(IDE: Integrated Development Environment)은 코딩, 디버깅, 컴파일, 배포 등 프로그램 개발에 관련된 모든 작업을 하나의 프로그램 툴 안에서 처리하는 환경을 제공하는 소프트웨어이다. 종래의 소프트웨어 개발에서는 컴파일러, 텍스트 편집기, 디버거 등을 따로 사용했다. 이러한 프로그램들을 하나로 묶어 대화형 인터페이스를 제공한 것이 통합 개발 환경이다.

10 오브젝트의 크기와 소리를 출력하는 프로그램이다.

11 8 ÷ 5를 했을 때 나머지 값을 구하는 연산이다. 8 ÷ 5의 나머지 값은 3이므로 3이 출력된다.

12 변수 A에는 8, 변수 B에는 4가 저장된다. 또한 A + B → 8 + 4 = 12이므로 변수 C에는 12가 저장된다. 그리고 C ÷ B → 12 ÷ 4이므로 변수 D에는 3이 저장된다.

13 변수 A에는 3이, 변수 B에는 4가 저장된다. 따라서 A − B에서 3 − 4인 −1이 출력되고, A × B에서 3 × 4인 12가 출력된다. A ÷ B에서 0.75가 출력되고, A ÷ B는 3을 4로 나누었을 때의 나머지 값 3이 각각 출력된다.

14 A의 값을 입력하므로 A의 값을 0으로 초기화하지 않아도 된다. 그러므로 ②번 블록이 필요 없다.

15 ⓐ은 참 또는 참이므로 참, ⓑ은 거짓 그리고 참이므로 거짓, ⓒ은 거짓 또는 거짓이므로 거짓, ⓓ은 참 그리고 거짓이므로 거짓이다.

16 n의 약수를 구하는 프로그램으로 10을 입력하면 10의 약수인 1, 2, 5, 10을 출력한다.

17 5부터 1까지 1씩 감소하면서 출력해야 하기 때문에 ⓐ에는 5, ⓑ에는 −1이 들어가야 한다.

18 C가 가장 긴 변이기 때문에 삼각형을 그리려면 A + B > C와 같은 비교 연산자가 들어가야 한다.

19 조건에 따라 ⓑ에는 "삼각형을 그릴 수 있습니다."를, ⓒ에는 "삼각형을 그릴 수 없습니다."를 넣어야 한다.

20 프로그램에서 사용된 변수는 n과 i로 총 2개가 사용되었다.

21 변수 i는 1부터 n까지 값이 1씩 바뀐다. 따라서 ⓐ에 들어갈 수는 1이다.

22 변수 n을 자연수 i로 나누었을 때, 나누어떨어지면 i는 n의 약수이다. 따라서 n을 i로 나누었을 때 나머지가 0이 되어야 한다.

23 반복하는 횟수를 변수 n에 저장한다. 정n각형을 그려야 하므로 ⓐ에 들어갈 변수는 n이다.

24 회전하는 각의 크기는 정다각형의 외각의 크기만큼 회전한다. 따라서 ⓑ에 들어갈 수식은 360 / n이다.

25 10을 입력하면 n에 10이 저장되고, 50만큼 이동하고 36° 회전하기를 10번 반복하기 때문에 정십각형이 그려진다.

26 30℃이면 28℃ 이상이므로 냉방기를 가동하고, 20℃이면 18℃ 초과 28℃ 미만이므로 난방기와 냉방기를 가동하지 않는다. 또한 15℃이면 18℃ 이하이므로 난방기를 가동해야 한다.

입력	출력
30℃	냉방기를 가동합니다.
20℃	난방기와 냉방기를 가동하지 않습니다.
15℃	난방기를 가동합니다.

27 난방기를 가동하는 조건이 되어야 하므로 대답 ≤ 18이 되어야 한다.

28 냉방기를 가동하는 조건이 되어야 하므로 28 ≤ 대답이 되어야 한다.

29 18℃ 초과 28℃ 미만이므로 "난방기와 냉방기를 가동하지 않습니다."를 출력해야 한다.

스크래치 해설

08 〈보기〉는 프로그래밍 언어에 대한 설명이다. 고급 언어(high-level language)는 인간이 이해하기 쉬운 프로그래밍 언어로서, 저급 언어보다 가독성이 높고 다루기 쉽다는 장점이 있다. 하지만 컴퓨터가 바로 이해할 수 없으므로 중간에 컴파일러나 인터프리터에 의해 컴퓨터가 이해할 수 있는 기계어로 번역하는 과정이 필요하다. C, 자바, 베이직 등 대부분의 프로그래밍 언어들은 고급 언어에 속한다.

09 통합 개발 환경(IDE: Integrated Development Environment)은 코딩, 디버깅, 컴파일, 배포 등 프로그램 개발에 관련된 모든 작업을 하나의 프로그램 툴 안에서 처리하는 환경을 제공하는 소프트웨어이다. 종래의 소프트웨어 개발에서는 컴파일러, 텍스트 편집기, 디버거 등을 따로 사용했다. 이러한 프로그램들을 하나로 묶어 대화형 인터페이스를 제공한 것이 통합 개발 환경이다.

10 스프라이트의 크기와 소리를 출력하는 프로그램이다.

11 8 ÷ 5를 했을 때 나머지 값을 구하는 연산이다. 8 ÷ 5의 나머지 값은 3이므로 3이 출력된다.

12 변수 A에는 8, 변수 B에는 4가 저장된다. 또한 A + B → 8 + 4 = 12이므로 변수 C에는 12가 저장된다. 그리고 C

÷ B → 12 ÷ 4이므로 변수 D에는 3이 저장된다.

13 변수 A에는 3이, 변수 B에는 4가 저장된다. 따라서 A − B에서 3 − 4인 −1이 출력되고, A × B에서 3 × 4인 12가 출력된다. A ÷ B에서 0.75가 출력되고, A ÷ B는 3을 4로 나누었을 때의 나머지 값 3이 각각 출력된다.

14 A의 값을 입력하므로 A의 값을 0으로 초기화하지 않아도 된다. 그러므로 ②번 블록이 필요 없다.

15 ㉠은 참 또는 참이므로 참, ㉡은 거짓 그리고 참이므로 거짓, ㉢은 거짓 또는 거짓이므로 거짓, ㉣은 참 그리고 거짓이므로 거짓이다.

16 n의 약수를 구하는 프로그램으로 10을 입력하면 10의 약수인 1, 2, 5, 10을 출력한다.

17 5부터 1까지 1씩 감소하면서 출력해야 하기 때문에 ㉠에는 5, ㉡에는 −1이 들어가야 한다.

18 C가 가장 긴 변이기 때문에 삼각형을 그리려면 A + B > C와 같은 비교 연산자가 들어가야 한다.

19 조건에 따라 ㉡에는 "삼각형을 그릴 수 있습니다."를, ㉢에는 "삼각형을 그릴 수 없습니다."를 넣어야 한다.

20 프로그램에서 사용된 변수는 n과 i로 총 2개가 사용되었다.

21 변수 i는 1부터 n까지 값이 1씩 바뀐다. 따라서 ㉠에 들어갈 수는 1이다.

22 변수 n을 자연수 i로 나누었을 때, 나누어떨어지면 i는 n의 약수이다. 따라서 n을 i로 나누었을 때 나머지가 0이 되어야 한다.

23 반복하는 횟수를 변수 n에 저장한다. 정n각형을 그려야 하므로 ㉠에 들어갈 변수는 n이다.

24 회전하는 각의 크기는 정다각형의 외각의 크기만큼 회전한다. 따라서 ㉡에 들어갈 수식은 360 / n이다.

25 10을 입력하면 n에 10이 저장되고, 50만큼 이동하고 36도 회전하기를 10번 반복하기 때문에 정십각형이 그려진다.

26 30℃이면 28℃ 이상이므로 냉방기를 가동하고, 20℃이면 18℃ 초과 28℃ 미만이므로 난방기와 냉방기를 가동하지 않는다. 또한 15℃이면 18℃ 이하이므로 난방기를 가동해야 한다.

입력	출력
30℃	냉방기를 가동합니다.
20℃	난방기와 냉방기를 가동하지 않습니다.
15℃	난방기를 가동합니다.

27 난방기를 가동하는 조건이 되어야 하므로 대답 〈 18 또는 대답 = 18이 되어야 한다.

28 냉방기를 가동하는 조건이 되어야 하므로 28 〈 대답 또는 28 = 대답이 되어야 한다.

29 18℃ 초과 28℃ 미만이므로 "난방기와 냉방기를 가동하지 않습니다."를 출력해야 한다.

 컴퓨팅 시스템

01 컴퓨팅 시스템의 이해와 동작

중단원 핵심 문제 　　　본문 117쪽

01 ① 　 **02** ⑤ 　 **03** ⑤ 　 **04** ② 　 **05** ④
06 ⑤ 　 **07** ③ 　 **08** ② 　 **09** ①
10 ㉠ 입력 장치, ㉡ 중앙 처리 장치(처리 장치), ㉢ 출력
장치 　 **11** ② 　 **12** ④ 　 **13** ②

01 컴퓨터는 점점 더 소형화되고 있다.

02 컴퓨팅 시스템은 하드웨어와 소프트웨어로 구성되어 있다.

03 하드웨어는 입력 장치, 출력 장치, 기억 장치, 처리 장치로 구성되어 있다.

04 입력 장치는 사용자나 주변 환경으로부터 자료나 정보를 입력받는 장치로, 키보드, 마우스, 터치스크린, 초음파 센서, 온습도 센서, 리모컨 등이 있다.

05 주기억 장치는 입력된 명령이나 자료가 저장되는 공간

으로, 실행 중인 프로그램이나 자료를 컴퓨터의 전원이 켜진 상태에서만 기억하며, 램(RAM)으로 구성되어 있다.

06 사람의 지문이나 홍채와 같은 정보를 읽어 들이는 장치는 생체 인식 장치이다.

07 처리 장치는 명령대로 실제 처리하는 장치로, 주기억 장치에 저장된 프로그램을 실행하고 자료를 처리한다.
통신 장치는 데이터를 주고받기 위한 데이터 전송 장치나 데이터 입출력 장치 또는 통신 제어 장치를 말한다.

08 시스템 소프트웨어는 사용자가 하드웨어와 응용 소프트웨어를 효율적으로 사용할 수 있도록 도와주는 소프트웨어로, 운영 체제가 이에 해당된다.

09 운영 체제는 컴퓨팅 시스템의 하드웨어 자원을 효율적으로 관리하고, 사용자가 쉽고 편리하게 하드웨어를 제어할 수 있도록 도와주는 시스템 소프트웨어이다.

10 컴퓨팅 시스템의 동작 과정에 대한 설명이다.

11 운영 체제는 컴퓨터의 하드웨어를 제어하고, 컴퓨터 자원을 관리하며, 컴퓨터 사용을 편리하게 해 준다. 또한 응용 프로그램들의 수행을 도와주며, 사용자와 하드웨어 사이의 매개체 역할을 하는 소프트웨어라고 할 수 있다. 운영 체제는 하드웨어와 상호보완적 관계를 통해 작동할 수 있다.

12 스마트폰에서 사진이 처리되는 과정에 대한 설명으로 115쪽 하단 설명을 참조한다.

13 버튼은 입력 장치이며, 세탁 시간과 모터 회전량은 기억 장치, 세탁 방법 계산은 처리 장치가 담당한다. 모터는 출력 장치에 해당한다.

02 피지컬 컴퓨팅 시스템의 이해

중단원 핵심 문제 　　　본문 122쪽

01 ③ 　 **02** ① 　 **03** ① 　 **04** ⑤ 　 **05** ③
06 ③ 　 **07** ③ 　 **08** ② 　 **09** ⑤ 　 **10** ②
11 ① 　 **12** ②

01 센서는 가상 세계가 아니라 현실 세계의 자료를 입력받는다.

02 주변의 밝고 어두움을 감지하는 것은 빛 센서에 대한 설명이다.

03 비밀번호를 입력하기 위해서는 버튼 센서인 입력 장치를 통해 자료를 입력한다.

04 빛 센서는 입력 장치에 해당한다.

05 입력 장치에서 자료를 입력받아, 처리 장치를 통해 계산을 하고, 계산된 값을 출력 장치를 통해 표현한다.

06 흙의 건조 유무를 파악하기 위해서는 공기 속의 수증기 양을 측정하는 습도 센서가 필요하다.

07 마이크로비트에서 프로그래밍을 하여 저장하고 실행하기 위한 과정은 프로그래밍(마이크로비트 사이트에서 프로그램 코드 작성) → 컴파일(HEX 파일 생성) → 다운로드(내 컴퓨터에 다운로드) → 설치(다운받은 HEX 파일을 마이크로비트에 복사) → 실행(마이크로비트 코드 실행) 순으로 진행된다.

08 마이크로비트에는 빛 센서, 가속도 센서, 나침반 센서, 온도 센서가 내장되어 있다.

09 물체의 가속도나 충격의 세기 등을 측정하는 가속도 센서에 대한 설명이다.

10 I/O핀, 즉 입출력 핀을 연결하여 다양한 센서나 출력 장치를 추가로 구성할 수 있다.

11 마이크로컨트롤러는 마이크로프로세서와 입출력 모듈을 하나의 칩으로 만들어 정해진 기능을 수행하는 컴퓨터를 말하며, 처리 장치로 분류한다.
모터, LED, 스피커는 출력 장치에 해당한다.

12 두 값을 모두 만족하기 위한 연산자로 '그리고(and)'를 사용한다. '이상'은 크거나 같은 값을 뜻한다.

03 피지컬 컴퓨팅 시스템의 구현

중단원 핵심 문제   🔖 🖥 본문 127쪽

01 ①	**02** ⑤	**03** ②	**04** ①
05 사각형 모양(□)		**06** ⑤	**07** ①	**08** ③

01 주변 환경의 밝기 여부에 따라 센서의 값이 변해야 하므로 빛 센서가 필요하다.

02 빛 센서의 입력 값을 가져오기 위한 명령어를 찾는다.

03 '이상'의 표시는 '크거나 같다(≥)'로 표시해야 한다.

04 해당 명령어는 'A 버튼'을 누르면 실행 '1 증가'를 표현해야 한다.

05 20℃를 초과하면 'X' 표시가 출력되고, 그 이외에는 '□' 표시가 출력된다.

06 난수 값을 출력하기 위해 랜덤 함수를 사용하고 있으며 난수의 범위는 0부터 4까지이다.

07 움직임을 감지하면 실행하도록 만든다.

08 랜덤 함수는 0부터 시작하며 가위, 바위, 보 이렇게 3가지 경우의 수가 나와야 하기 때문에 2까지 입력하면 된다.

4단원 대단원 종합 문제   🔖 🖥 본문 129쪽

01 컴퓨팅 시스템   **02** ①   **03** ㉠ 입력 장치, ㉡ 출력 장치, ㉢ 기억 장치, ㉣ 시스템 소프트웨어(㉠~㉢ 순서 상관없음)   **04** ④   **05** ④   **06** ⑤   **07** ①   **08** ④   **09** 만약 빛 센서의 값이 100보다 크거나 같다면 하트(♥)를 LED에 표시한다. 위의 과정은 무한 반복 실행된다.   **10** ②

01 스마트폰, 냉장고, 자동문 등도 모두 컴퓨팅 시스템에 속한다.

02 SSD(Solid-State Drive)는 컴퓨터의 보조 기억 장치에 해당한다.

03 컴퓨팅 시스템은 크게 하드웨어와 소프트웨어로 나뉜다. 하드웨어에는 입력 장치, 출력 장치, 기억 장치, 처리 장치 등이 있고, 소프트웨어에는 시스템 소프트웨어와 응용 소프트웨어가 있다.

04 기억 장치 중에서 보조 기억 장치는 프로그램이나 자료를 장기간 보관하기 위해 사용된다.

05 발표를 준비하기 위해 파워포인트 등을 작성해야 하는데 이는 응용 소프트웨어에 속한다.
응용 소프트웨어는 프로그램 중에서 특정한 업무를 해결하기 위한 목적을 가지고 만들어진 프로그램이다.

06 피지컬 컴퓨팅 시스템은 입력 장치, 처리 장치, 출력 장치로 구성되는데, 처리 장치에는 마이크로컨트롤러가 있다.

07 아두이노 개발 환경 중 텍스트 기반 프로그래밍 언어에는 스케치가 있다.

08 사람을 감지하기 위해서는 인체 감지 센서 또는 초음파 센서를 사용한다.

09 만약 빛 센서의 값이 100보다 크거나 같다면 하트(♥)를 LED에 표시한다. 위의 과정은 무한 반복 실행된다.

10 두 값 중 하나만 만족하여도 명령이 실행되는 경우에는 '또는(or)' 연산자를 사용한다. '이하'는 작거나 같은 값을, '이상'은 크거나 같은 값을 뜻한다.

MEMO

수행평가 활동

정답 & 예시답

수행 활동지 ①	정보 사회에서 자신의 진로 탐색하기
단원	Ⅰ. 정보 문화 02. 정보 사회와 진로 탐색
활동 목표	자신의 진로를 탐색하고 정보 기술로 인한 직업의 발전 방향을 예측할 수 있다.

1. 다음 사이트를 활용하여 자신의 적성에 맞는 진로를 탐색해 보자.

참고 사이트			
커리어넷	http://www.career.go.kr	워크넷	http://www.work.go.kr

진로 심리 검사명	결과 요약
직업 흥미 검사(k형)	높은 흥미를 나타내는 직업군으로 소비자 경제 분야가 가장 높았다. 관련 분야에서 나타나는 직업군으로는 바리스타, 세탁원, 영양사, 조리사 및 주방장, 푸드스타일리스트 등이 있었다.
자신의 진로 탐색	높은 흥미를 나타내는 직업군에 요리사가 포함되어 있는데, 과거부터 요리에 관심이 많았고 실제 음식을 만드는 경험도 자주 하고 있다. 적성을 살려 앞으로 요리사가 되고 싶다.

2. 정보 사회에서 정보 기술이 직업을 어떻게 변화시키는지 자신의 진로와 연관지어 시각적으로 표현해 보자.

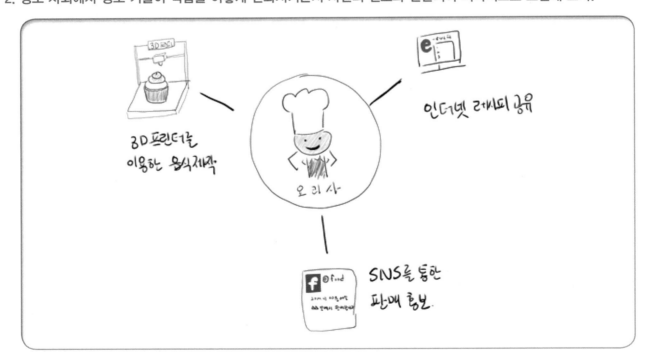

Tip 비주얼 싱킹(visual thinking)
· 자신의 생각을 글과 이미지 등을 통해 체계화하고 기억력과 이해력을 키우는 시각적 사고 방법을 말한다.
· 학습 내용을 그림으로 표현하기 위해 생각하는 과정에서 기억력과 이해력을 기를 수 있도록 도와준다.

수행 활동지 ②	저작물 이용 허락 표시 이해하기
단원	**Ⅰ. 정보 문화** 　04. 저작물의 올바른 이용
활동 목표	CCL(Creative Commons License)을 다양한 이용 조건과 상황에 맞게 활용할 수 있는 능력을 기른다.

1. CCL에 대해 간략히 설명하시오(사이트 참고: www.cckorea.org/xe/ccl).

CCL(Creative Commons License)은

저작자가 일정한 조건 하에 자신의 저작물을 다른 사람들이 자유롭게 이용할 수 있도록 허락하는 표시이다.

2. 각각의 이용 허락 조건이 무엇을 뜻하는지 쓰시오(교과서 또는 사이트 참고: www.cckorea.org/xe/ccl).

BY	저작자와 출처를 표시해야 한다.	ND	변경하거나 다른 창작물에 이용 불가능하다.
NC	비영리 목적으로만 사용할 수 있다.	SA	내 저작물을 이용해 새로운 저작물을 창작한 경우, 내 저작물과 동일한 라이선스를 붙여야 한다.

3. 제시된 라이선스를 보고, 이용 조건을 쓰시오(사이트 참고: www.cckorea.org/xe/ccl).

라이선스	이용 조건	문자 표기
CC BY	저작자 및 출처를 표시한다면 제한 없이 자유롭게 이용할 수 있습니다.	CC BY
CC BY NC	저작자 및 출처를 표시하면 자유로운 이용이 가능하지만 영리 목적으로는 이용할 수 없습니다.	CC BY–NC
CC BY ND	저작자 및 출처를 표시하면 자유로운 이용이 가능하지만 변경 없이 그대로 이용해야 합니다.	CC BY–ND
CC BY SA	저작자 및 출처를 표시하면 자유로운 이용도 가능하고 저작물의 변경도 가능하지만 2차적 저작물에는 원 저작물에 적용된 것과 동일한 라이선스를 적용해야 합니다.	CC BY–SA
CC BY NC SA	저작자 및 출처를 표시하면 자유로운 이용이 가능하지만 영리 목적으로 이용할 수 없고 2차적 저작물에는 원 저작물과 동일한 라이선스를 적용해야 합니다.	CC BY–NC–SA
CC BY NC ND	저작자 및 출처를 표시하면 자유로운 이용이 가능하지만 영리 목적으로 이용할 수 없고 변경 없이 그대로 이용해야 합니다.	CC BY–NC–ND

수행 활동지 ❶	문자 코드로 표현하기
단원	Ⅱ. 자료와 정보 01. 자료와 정보의 표현
활동 목표	주어진 문자를 디지털로 변환하여 표현할 수 있다.

○ 보기 의 문자 코드를 활용하여 제시된 문장을 2진 코드로 표현해 보자.

보기

상위 비트 하위 비트	010	011	100	101	110	111
0000	SP	0	@	P	`	p
0001	!	1	A	Q	a	q
0010	"	2	B	R	b	r
0011	#	3	C	S	c	s
0100	$	4	D	T	d	t
0101	%	5	E	U	e	u
0110	&	6	F	V	f	v
0111	'	7	G	W	g	w
1000	(	8	H	X	h	x
1001	)	9	I	Y	i	y
1010	*	:	J	Z	j	z
1011	+	;	K	[	k	{
1100	,	⟨	L	₩	l	|
1101	−	=	M	]	m	}
1110	.	⟩	N	^	n	~
1111	/	?	O	_	o	DEL

대문자 A에 해당하는 2진 코드는 1000001이다.

	Hello!						
H	1	0	0	1	0	0	0
e	1	1	0	0	1	0	1
l	1	1	0	1	0	0	0
l	1	1	0	1	1	0	0
o	1	1	0	1	1	1	1
!	0	1	0	0	0	0	1

수행 활동지 2	정보를 구조화하기
단원	**II. 자료와 정보** 03. 정보의 구조화
활동 목표	실생활의 정보를 다양한 형태로 구조화하여 표현할 수 있다.

⦿ 다음 설문 조사 결과를 보고 물음에 답하시오.

> 14~19세 청소년 900명을 대상으로 1년 동안 가장 많이 이용한 여가 공간을 묻는 설문 조사(복수 응답)에서 응답 결과 음식점(레스토랑, 식당) 20.5%, 집 주변 16.1%, 커피숍 19.8%, 영화관 22.3%, 쇼핑몰 9.7%, 운동 경기장 10.4%, 노래방 16%, 학교 운동장 25.6%, PC방 22.5%, 학교 시설 21.5%, 대형 서점 6.7% 등으로 나타났다.
>
> 〈출처〉KOSIS 국가통계포털

1. 위의 설문 결과를 순위별로 정리한 후, 표로 구조화하여 표현해 보자.

순위	장소	비율
1	학교 운동장	25.6%
2	PC방	22.5%
3	영화관	22.3%
4	음식점	20.5%
5	커피숍	19.8%
6	집 주변	16.1%
7	노래방	16.0%
8	운동 경기장	10.4%
9	쇼핑몰	9.7%
10	대형 서점	6.7%

2. 위의 설문 결과를 그림으로 구조화하여 표현해 보자.

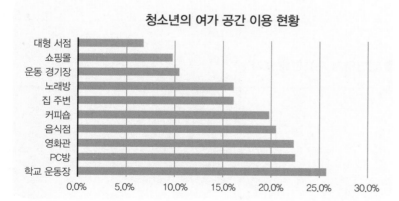

청소년의 여가 공간 이용 현황

[해설] 자료의 수치를 보고 가장 많이 이용하는 공간을 순위별로 분류한 다음 표나 그림으로 구조화하여 표현하면 된다.

수행 활동지 **1** 　문제 분석하기

단원	**III. 문제 해결과 프로그래밍** 　01. 문제 이해와 분석
활동 목표	주어진 문제 상황을 분석할 수 있다.

문제 상황 재난 방재청에서는 많은 비가 내리는 장마철에 대비하여 지역에 따라 물이 잠기는 곳과 잠기지 않는 곳을 파악해 강수량에 따라 대피할 수 있는 안전한 곳을 알려 주고자 한다.
물은 높이가 낮은 곳부터 차오르게 되며, 강수량 1은 가로 1m, 세로 1m 영역에 높이 1m만큼을 채울 수 있는 물의 양이라고 한다. 같은 높이의 모든 지역에 물이 가득 찼을 때 위험해진다.

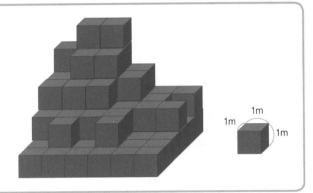

○ 위와 같은 지형이 있을 때 어떻게 하면 장마철에 잠기는 곳과 잠기지 않는 곳을 파악할 수 있을까?

1. 현재 상태와 목표 상태를 분석해 보자.

현재 상태	목표 상태
장마철에 홍수에 대한 대피 안내가 없다.	장마철에 강수량에 따라 대피해야 할 안전한 곳을 알려 준다.

2. 수행할 작업을 적어 보자.

> ① 강수량에 따라 물에 잠기는 지역을 확인한다.
> ② 전체 지역에서 물에 잠기는 지역을 제외한 나머지 지역을 대피할 지역으로 안내한다.

3. 핵심 요소를 추출하고 추출한 핵심 요소를 간단하게 재표현해 보자.

4	5	5	3	2	2
3	4	4	3	2	1
3	3	3	2	2	2
2	2	2	2	1	1
1	2	1	2	1	1
1	1	1	1	1	1

- 가로 1m, 세로 1m 영역 1칸을 높이 1만큼 채울 때 강수량 1로 표시함
- 표 안의 숫자로 지역의 높이를 표시함
- 같은 높이의 모든 지역에 물이 가득차면 위험함

수행 활동지 ②	알고리즘 설계하기
단원	**III. 문제 해결과 프로그래밍** 03. 알고리즘의 이해와 표현
활동 목표	알고리즘 구조를 사용하여 문제 해결을 위한 알고리즘을 설계할 수 있다.

○ 순서도 및 의사 코드에 대한 구조의 표현을 찾아보고 이를 활용해 1부터 10 사이 짝수 합을 구하는 알고리즘을 작성해 보자.

순서도	의사 코드
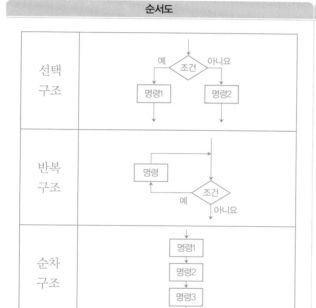	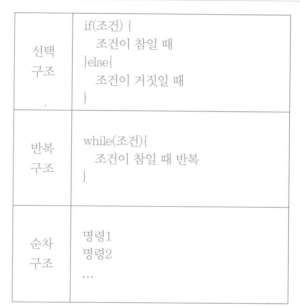

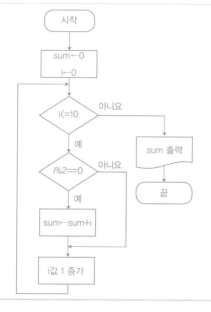

```
sum←0
i←0
while(i<=10){
    if(i%2==0){
        sum←sum+i
    }
    i값 1 증가
}
sum 출력
```

수행 활동지 ③	## 실생활 프로그램 제작하기
단원	**Ⅲ. 문제 해결과 프로그래밍** 08. 도전! 실생활 문제 해결 프로젝트
활동 목표	실생활 문제 해결을 위한 소프트웨어를 협력하여 설계, 개발, 비교, 분석한다.

○ 다음 신문기사를 읽고 스마트폰 과의존 정도를 스스로 점검할 수 있는 프로그램을 작성해 보자.

문제 상황 우리나라 중학생 10명 중 3명이 스마트폰 이용 조절 능력이 떨어지는 과의존 위험군에 드는 등 청소년의 스마트폰 의존 현상이 여전히 심각한 것으로 나타났다.

지난해 10~19세 청소년의 스마트폰 과의존 위험군 비율은 30.3%로 전년(30.6%) 대비 소폭 감소했다. 그러나 중학생의 경우 10명 중 3명꼴인 34.3%가 스마트폰 과의존 위험 수준을 보이는 것으로 조사됐다. 고등학생이 28.7%, 초등학생이 22.0%로 뒤를 이었다.

스마트폰 과의존 위험군에 속하는 10~19세 청소년이 주로 이용한 인터넷 콘텐츠는 메신저(98.8%), 게임(97.8%) 등으로 조사됐다. 학업·업무용 검색과 음악 감상(82.6%), SNS(81.6%), 영화·TV·동영상(79.8%), 뉴스 검색(77.9%), 교육 학습(76.8%)이 뒤를 이었다.

〈출처〉 뉴스1, 청소년통계, 중학생 10명 중 3명 스마트폰 과의존 '위험 수준', 2018. 04. 26.

---

1. 현재 상태와 목표 상태 설정하기

현재 상태	목표 상태
스마트폰 과의존 정도를 스스로 점검하는 프로그램이 없는 상태	프로그램을 통해 스마트폰 과의존 정도를 파악할 수 있는 상태

2. 수행 작업 알아보기

> 각각의 항목을 출력한다.
> 각각의 항목에 대한 점수를 계산한다.
> 점수에 따라 스마트폰 과의존 점수를 출력한다.

3. 핵심 요소 추출하기

> 항목을 출력하고 입력된 점수를 계산한다.
> 점수에 따라 스마트폰 과의존 점수를 출력한다.

4. 스마트폰 과의존 정도를 점검하는 설문 양식 작성하기

번호	항목	매우 그렇지 않다	그렇지 않다	그렇다	매우 그렇다
1	스마트폰 이용 시간을 줄이려고 할 때마다 실패한다.	1	2	3	4
2	스마트폰 이용 시간을 조절하는 것이 어렵다.	1	2	3	4
3	적절한 스마트폰 이용 시간을 지키는 것이 어렵다.	1	2	3	4
4	스마트폰이 옆에 있으면 다른 일에 집중하기 어렵다.	1	2	3	4
5	스마트폰 생각이 머리에서 떠나지 않는다.	1	2	3	4
6	스마트폰을 이용하고 싶은 충동을 강하게 느낀다.	1	2	3	4
7	스마트폰 이용 때문에 건강에 문제가 생긴 적이 있다.	1	2	3	4
8	스마트폰 이용 때문에 가족과 심하게 다툰 적이 있다.	1	2	3	4
9	스마트폰 이용 때문에 친구 혹은 동료, 사회적 관계에서 심한 갈등을 경험한 적이 있다.	1	2	3	4
10	스마트폰 때문에 업무(학업 혹은 직업 등) 수행에 어려움이 있다.	1	2	3	4
	합계				

〈출처〉 스마트쉼센터 스마트폰 과의존 척도 (https://www.iapc.or.kr)

고위험 사용자군:
총점 31점 이상
스마트폰 과의존 성향이 매우 높으므로 관련 기관의 전문적인 지원과 도움이 필요하다.

잠재적 위험 사용자군:
총점 23점 이상~30점 이하
과의존의 위험을 깨닫고 스스로 조절하고 계획적으로 사용하도록 노력한다.
스마트폰 과의존에 대한 주의가 요망되며, 학교 및 관련 기관에서 제공하는 건전한 스마트폰 활용 지침을 따른다.

일반 사용자군:
총점 22점 이하
스마트폰의 건전한 활용에 대하여 지속적인 자기 점검을 한다.

5. 알고리즘 설계하기

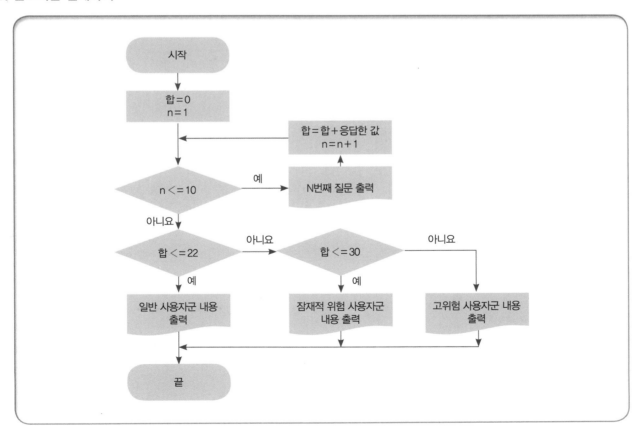

6. 프로그래밍하기

❶ 변수 선언하기

변수명	역할
n	항목 번호를 저장한다.
합	항목에 따른 입력 값을 누적하여 저장한다.

❷ 오브젝트 추가하기

[오브젝트 추가]에서 필요한 오브젝트를 추가한다.

❸ 리스트 추가

항목 리스트를 추가하고 리스트 항목 수를 10으로 지정한다.
항목에 질문의 순서대로 초깃값을 지정한다.

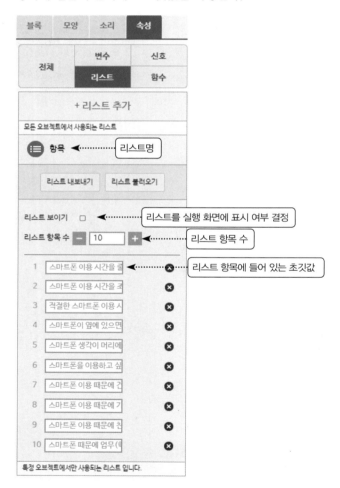

스크래치에서 리스트에 명령어를 통해 입력할 수 있다.

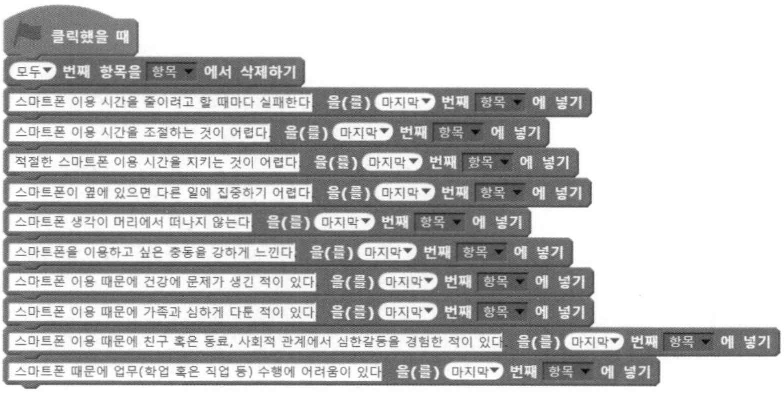

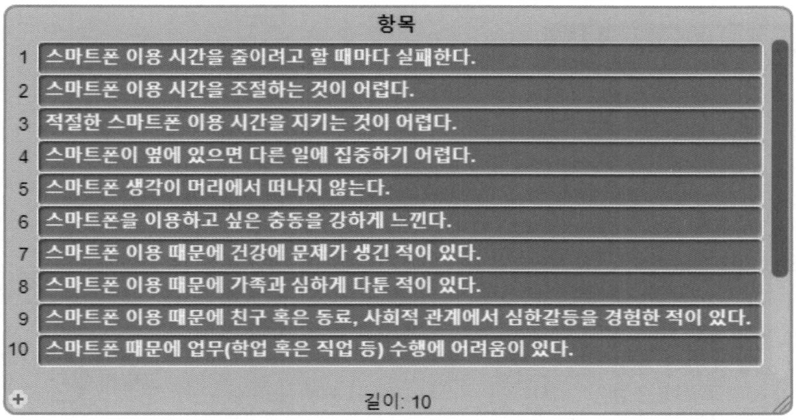

▲ 입력된 결과

❹ 프로그래밍하기

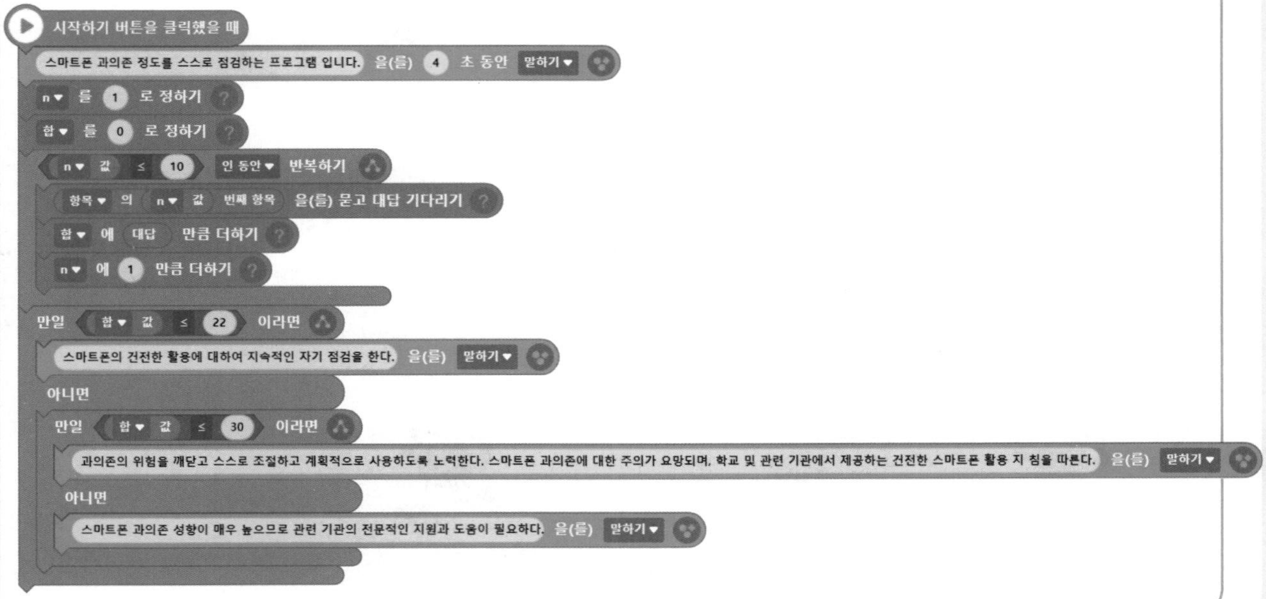

```
클릭했을 때
n ▼ 을(를) 1 로 정하기
합 ▼ 을(를) 0 로 정하기
10 < n 까지 반복하기
    n 번째 항목 ▼ 항목 묻고 기다리기
    합 ▼ 을(를) 대답 만큼 바꾸기
    n ▼ 을(를) 1 만큼 바꾸기
만약 합 < 22 (이)라면
    스마트폰의 건전한 활용에 대하여 지속적인 자기 점검을 한다. 말하기
아니면
    만약 합 < 30 (이)라면
        과의존의 위험을 깨닫고 스스로 조절하고 계획적으로 사용하도록 노력한다. 스마트폰 과의존에 대한 주의가 요망되며, 학교 및 관련 기관에서 제공하는 건전한 스마트폰 활용 지 침을 따른다. 말하기
    아니면
        스마트폰 과의존 성향이 매우 높으므로 관련 기관의 전문적인 지원과 도움이 필요하다. 말하기
```

7. 실행 화면

실행 화면	일반 사용자군 출력
n 0 / 합 0 / 대답 0 스마트폰 과의존 정도를 스스로 점검하는 프로그램 입니다. 매우 그렇지 않다. 1점 / 그렇지 않다. 2점 / 그렇다. 3점 / 매우 그렇다. 4점	n 11 / 합 10 / 대답 1 스마트폰의 건전한 활용에 대하여 지속적인 자기 점검을 한다. 매우 그렇지 않다. 1점 / 그렇지 않다. 2점 / 그렇다. 3점 / 매우 그렇다. 4점

잠재적 위험 사용자군 출력	고위험 사용자군 출력
n 11 / 합 23 / 대답 3 과의존의 위험을 깨닫고 스스로 조절하고 계획적으로 사용하도록 노력한다. 스마트폰 과의존에 대한 주의가 요망되며, 학교 및 관련 기관에서 제공하는 건전한 스마트폰 활용 지 침을 따른다. 매우 그렇지 않다. 1점 / 그렇지 않다. 2점 / 그렇다. 3점 / 매우 그렇다. 4점	n 11 / 합 40 / 대답 4 스마트폰 과의존 성향이 매우 높으므로 관련 기관의 전문적인 지원과 도움이 필요하다. 매우 그렇지 않다. 1점 / 그렇지 않다. 2점 / 그렇다. 3점 / 매우 그렇다. 4점

수행 활동지 ①	컴퓨팅 시스템을 활용하여 전기 절약하기
단원	**IV. 컴퓨팅 시스템** 02. 피지컬 컴퓨팅 시스템의 이해
활동 목표	컴퓨팅 시스템을 활용하여 전기를 절약할 수 있다.

◎ 다음 기사를 읽고 우리 주변에서 센서를 통해 전기를 절약할 수 있는 방법에는 무엇이 있는지 생각해 보자.

> **"블랙아웃(대규모 정전 사태) 가능성은?"**
>
> 전력 수급 불안으로 인한 블랙아웃 가능성이 언급되며 2011년 블랙아웃 사태가 주목받고 있다. 정부는 블랙아웃의 위험성이 커지는 시기를 지금부터로 보고 있다. 휴가를 마친 기업들이 조업에 복귀하는 시기이기 때문이다. 이미 기록적인 폭염으로 인해 올여름 예상치였던 전기 사용 예상량 8천 750만KW를 훌쩍 넘는 전기가 사용된 바 있다. 지난달 24일 오후 3시에는 9천 161.6만KW라는 최대 전력 수요량을 기록했다. 이로 인해 공급 예비력은 709.2만KW로 최저를 기록했다.
>
> 〈출처〉 국제뉴스, 2018. 8. 6.

1. 대상 제품: 난방 보일러

2. 사용 센서: 온도 센서

3. 알고리즘

알고리즘(순서도) 작성	전기를 절약하는 방법 설명

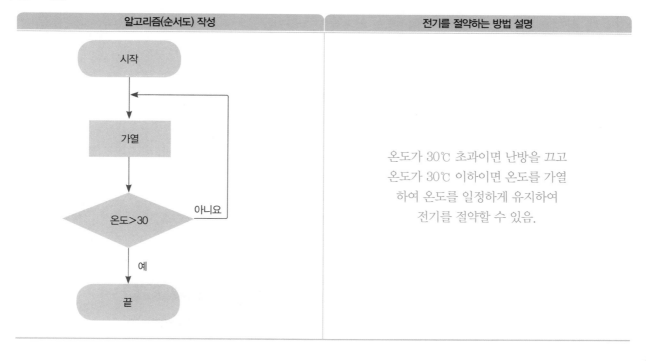

온도가 30℃ 초과이면 난방을 끄고
온도가 30℃ 이하이면 온도를 가열
하여 온도를 일정하게 유지하여
전기를 절약할 수 있음.

수행 활동지 2	웨어러블 컴퓨팅 시스템 제작하기
단원	**IV. 컴퓨팅 시스템** 03. 피지컬 컴퓨팅 시스템의 구현
활동 목표	피지컬 컴퓨팅 시스템을 활용하여 하루 운동량을 체크할 수 있다.

○ 다음 신문기사를 읽고 하루 운동량을 체크할 수 있는 웨어러블 피지컬 컴퓨팅 시스템을 제작해 보자. 또한 운동량이 10점이 되면, 하루 운동량을 달성한 것으로 보고 '♥'를 표시해 보자.

> 지난해 교육부 조사 결과 주 1회 이상 패스트푸드를 먹는 비율은 초등학생 64.6%, 중학생 76.1%, 고교생 77.9% 순으로 상당히 높게 나타났다. 이처럼 청소년들은 높은 열량을 섭취하고 있지만 치열한 입시로 인해 운동은 전혀 하고 있지 않고 있었다. 지난달 한 시민 단체의 설문 조사 결과 초·중·고등학교 학생 10명 중 3명은 학교 체육시간을 제외하고 운동을 전혀 하지 않는 것으로 나타났다.
> 식습관과 운동 부족은 청소년 비만으로 이어져 이미 심각한 사회 문제로 떠오른 상황이다. 우리나라의 5~17세 아동·청소년의 과체중 및 비만율은 남녀 각각 25%, 20%로 경제협력개발기구(OECD) 평균을 넘어 조사 대상 40개국 중 상위 12위에 달한다.　　〈출처〉 세계일보, "아이 살은 키로 간다고? 킬로(kg)로 가더라"…OECD 청소년 비만 12위 한국, 2017. 10. 11.

1. 현재 상태와 목표 상태
❶ **현재 상태:** 학생들의 운동량을 체크하지 못한 상태
❷ **목표 상태:** 피지컬 컴퓨팅을 활용하여 학생들의 운동량을 주기적으로 체크할 수 있는 상태

2. 수행 작업
> 흔들림 감지 LED에 점수 체크
> 하루 운동량 체크

3. 핵심 요소 추출
> 흔들림을 감지하여 운동량 변수에 저장
> 10점일 경우 LED에 '♥' 표시

4. 피지컬 시스템 구현(하드웨어)
❶ **입력 장치(센서):** 가속도 센서　　　　　　❷ **출력 장치(액추에이터):** LED

5. 피지컬 시스템 구현(소프트웨어)